하나님께서 기뻐하시는

교회

하나님께서 기뻐하시는 교회

이영훈 지음

초판 1쇄 발행 2009년 5월 20일
초판 2쇄 발행 2009년 6월 1일

발행처 서울말씀사
편집인 최문홍
등 록 제11-105호

서울 강서구 가양동 1487 가양테크노타운 306
Tel. 02-846-9222
Fax. 02-846-9225

정가 8,000원

하나님께서 기뻐하시는 교회

이영훈 지음

서울말씀사

머리말
Foreword

에베소서는 사도 바울이 옥중에서 에베소 교회 성도들에게 보낸 편지로, 예수 그리스도의 복음의 기초 위에 교회를 든든히 세우기 위해 쓰여졌습니다. 사도 바울은 에베소서를 통해 하나님의 은혜의 풍성함과 올바른 교회의 모습, 그리스도 안에서 하나 됨의 중요성, 그리고 성도들의 영적 무장을 강조하고 있습니다. 에베소서는 오늘날 교회의 교회됨과 성도의 성도됨에 대한 귀중한 지침이 되고 있습니다.

하나님께서 기뻐하시는 교회는 하나님의 영광을 나타내는 교회, 그리스도의 복음을 전파하기 위해 최선을 다하는 교회, 말씀과 성령의 은혜가 충만하여 온 세상에 주님의 빛을 비추는 교회입니다. 주께서 기뻐하시는 성도는 각자의 신앙생활이 한 알의 밀알이 되어 자신뿐 아니라 가정, 소속된 공동체, 사회 가운데 아름다운 열매를 많이 맺는 성도입니다.

본 교회에서는 새해를 맞이하여 오병이어의 기적을 사모하며 '열두 광주리 특별 새벽기도회' 를 개최하였습니다. 그 결과 하나님께서 크게 은혜를 부어 주셔서 성도님들이 말씀 안에서 새롭게 변화되는 체험을 하게 되었습니다.

금번에 성도님들의 신앙 성장에 조금이나마 도움을 드리고자 새벽기도회 설교를 정리하여 책으로 출판하게 되었습니다. 본 서를 통해 어둠을 물리치고 하루 첫 시간인 새벽을 기도로 깨우는 영성을 소유하게 되며, 나아가 주님의 자녀로서 성령의 열매를 삶 가운데 맺고, 성령께서 공급하시는 힘으로 능력 있는 삶을 살 수 있게 되기를 기도합니다.

바라기는 이 책이 하나님의 말씀을 갈구하는 성도 여러분에게 예수님과 예수님의 몸 된 교회를 사랑하는 열정의 불을 붙이는 불쏘시개가 되기를 소망합니다. 귀한 추천의 말씀을 써 주신 존경하는 조용기 목사님과 출판을 위해 수고해 주신 국제신학연구원 식구들 그리고 서울말씀사에 감사드립니다. 본 서를 통해 긍정적, 적극적, 창조적인 순복음의 영성이 독자 여러분의 믿음 가운데 살아 역사하게 되기를 기도합니다.

2009년 5월
여의도순복음교회
담임목사 이영훈

추천사

Recommendation

설교자는 기도와 말씀 연구를 통해 설교를 준비하는 가운데 하나님의 고귀한 말씀을 레마로 받습니다. 먹기 좋은 반찬을 요리하듯 받은 레마의 말씀의 뼈대 위에 성도들이 이해하기 쉽게 정성껏 살을 붙인 후, 성령의 기름 부으심 가운데 강단에서 선포하면, 대언된 말씀을 통해 성도들은 영혼육의 병을 치료받고, 변화 받아 새로운 삶을 살아가게 됩니다. 무거운 짐을 짊어지고 왔다가 하늘을 날 것 같은 가뿐한 마음으로 성전을 나가는 성도님들의 모습을 보는 것, 주님의 역사를 체험한 성도가 보내온 감격스러운 편지를 읽는 것은 설교자에게 큰 기쁨입니다. 이는 모든 설교자가 공감하는 특권이요, 보람이라 할 수 있을 것입니다.

저는 제 사역 인생 중 하나님의 은혜로 말씀이 주는 기쁨을 누리며 살아왔습니다. 또한 말씀의 역사로 교회가 세워지고 부흥, 성장하는 것을 직접 봐 왔습니다. 지난 51년간 여의도순복음교회를 성장, 지탱해 온 것은 강력한 성령의 역사와 오중복음, 삼중축복의 말씀의 역사였습니다. 이는 마치 이스라엘이 광야 40년간 구름 기둥과 불 기둥의 인도를 받고 언약궤를 좇은 결과 가나안 땅에 들어간 것과 같습니다. 구름 기둥과 불 기둥은 성령의 임재를 상징합니다. 언약궤는 하나님의 말씀을 뜻합니다. 성령의 임재가 있고 말씀의 역사가 있을 때, 오늘날도 하나님의 기적과 축복은 일어나는 것입니다.

저는 제 후임으로 담임이 된 이영훈 목사님이 성령의 임재와 말씀의 역사가 있는 교회로 여의도순복음교회를 이끌어 주실 것을 확신합니다. 연초에 있었던 '열두 광주리 특별 새벽기도회' 는 우리 교회 많은 성도님들에게 은혜를 끼쳤고, 첫사랑의 믿음과 신앙생활의 열심을 다시 불 일듯 일으키는 도전의 시간이 되었습니다. 그 귀한 말씀을 이번에 책으로 출판하게 된 것을 기쁘게 생각합니다. 사랑하는 제자요, 영적인 아들인 이 목사님의 설교집 출간을 마음 깊이 축하합니다. 본 서를 통해 많은 분들이 말씀 위에 굳게 서게 되시기를 바라며, 하나님께서 주시는 영혼육의 축복을 풍성히 받게 되시기를 기도합니다. 나아가 이 목사님에게 말씀의 은사와 성령의 역사가 더욱 충만히 임하시기를 기도합니다.

2009년 5월

여의도순복음교회

원로목사 조용기

차례
Contents

첫째 광주리

그리스도 안에서 누리는 영적 축복

*

"하나님 우리 아버지와 주 예수 그리스도로부터
은혜와 평강이 너희에게 있을지어다"
(엡 1:2)

엡 1:1-14

EPHESIANS

하나님의 뜻으로 말미암아 그리스도 예수의 사도 된 바울은 에베소에 있는 성도들과 그리스도 예수 안에 있는 신실한 자들에게 편지하노니 하나님 우리 아버지와 주 예수 그리스도로부터 은혜와 평강이 너희에게 있을지어다 찬송하리로다 하나님 곧 우리 주 예수 그리스도의 아버지께서 그리스도 안에서 하늘에 속한 모든 신령한 복을 우리에게 주시되 곧 창세 전에 그리스도 안에서 우리를 택하사 우리로 사랑 안에서 그 앞에 거룩하고 흠이 없게 하시려고 그 기쁘신 뜻대로 우리를 예정하사 예수 그리스도로 말미암아 자기의 아들들이 되게 하셨으니 이는 그가 사랑하시는 자 안에서 우리에게 거저 주시는 바 그의 은혜의 영광을 찬송하게 하려는 것이라 우리는 그리스도 안에서 그의 은혜의 풍성함을 따라 그의 피로 말미암아 속량 곧 죄 사함을 받았느니라 이는 그가 모든 지혜와 총명을 우리에게 넘치게 하사 그 뜻의 비밀을 우리에게 알리신 것이요 그의 기뻐하심을 따라 그리스도 안에서 때가 찬 경륜을 위하여 예정하신 것이니 하늘에 있는 것이나 땅에 있는 것이 다 그리스도 안에서 통일되게 하려 하심이라 모든 일을 그의 뜻의 결정대로 일하시는 이의 계획을 따라 우리가 예정을 입어 그 안에서 기업이 되었으니 이는 우리가 그리스도 안에서 전부터 바라던 그의 영광의 찬송이 되게 하려 하심이라 그 안에서 너희도 진리의 말씀 곧 너희의 구원의 복음을 듣고 그 안에서 또한 믿어 약속의 성령으로 인치심을 받았으니 이는 우리 기업의 보증이 되사 그 얻으신 것을 속량하시고 그의 영광을 찬송하게 하려 하심이라 에베소서는 빌립보서, 골로새서, 빌레몬서와 함께 '옥중서신(獄中書信)'으로 불립니다. 사도 바울이 감옥에 있을 때 이 서신들을 썼기 때문에 옥중서신이라고 부르는 것입니다. 특별히 에베소서는 교회가 어떠한 교회가 되어야 하는가, 올바른 교회의 자화상은 무엇인가에 대해서 우리에게 말씀해 주고 있습니다.

교회는 '**하나님의 축복의 통로**'입니다. 우리는 예수 믿고 하늘나라 갈 때까지 교회를 통하여 하나님의 모든 축복을 받게 됩니다. 우리는 교회를 통하여 믿음이 자라고, 교회를 통하여 주님의 말씀을 듣고, 교회를 통하여 주님의 뜻을 깨닫게 됩니다. 우리는 교회를 통하여 날마다 주님의 보좌 앞으로 더 가까이 나아가게 되고, 하나님의 풍성한 은혜를 누리는 삶을 살아가게 됩니다.

그래서 성도의 복은 교회를 잘 만나는 것입니다. 성도는 교회를 잘 선택해야 합니다. 정말 하나님의 말씀이 바로 전해지고 있는가, 성령의 충만한 역사가 늘 함께하고 있는가, 이 두 가지가 교회를 선택하는 기준입니다.

여러분과 저는 감사하게도 50년을 하루같이 하나님께 귀하게 쓰임 받아 오신 조용기 목사님의 영적인 자녀요, 제자로서 말씀과 성령의 인도하심을 따라 믿음을 성장시켜 왔습니다. 그리고 우리에게 새로운 50년이 시작되었습니다. 이제 주님 은혜 가운데 더욱 말씀을 깊이 새기고 성령의 충만함을 받아 하나님의 귀한 역사를 이루는 우리 모두가 되어야겠습니다.

다시 한번 강조하지만 교회는 축복의 통로입니다. 성도의 축복은 교회를 잘 만나고 주의 종을 잘 만나서 그 믿음이 바로 자라는 것입니다. 교회를 통하여 하나님이 기뻐하시는 주의 자녀로 믿음이 성장하여 세상에 나가서 빛과 소금의 역할을 감당하고 복음의 증인으로 살아가는 성도들이 되시기를 바랍니다. 그리하여 하나님께 영광 돌리고 장차 주님 앞에 서게 될 때에 "잘하였도다, 착하고 충성된 종아!" 라고 칭찬받는 여러분이 되시기를 바랍니다. 뿐만 아니라 교회를 통하여서도 삶의 현장 곳곳에 하나님의 은혜와 축복이 계속하여 넘쳐 나기를 소원합니다.

1. 인사

사도 바울은 에베소 교회에 편지를 보내면서 먼저 인사말을 합니다.

"하나님의 뜻으로 말미암아 그리스도 예수의 사도 된 바울은 에베소에 있는 성도들과 그리스도 예수 안에 있는 신실한 자들에게 편지하노니 하나님 우리 아버지와 주 예수 그리스도로부터 은혜와 평강이 너희에게 있을지어다"(엡 1:1-2).

사도 바울은 교회에 보내는 편지마다 그 첫 번째 인사말에 '나는 하나님의 뜻으로 부름 받았다' 는 것과 '성도들에게 은혜와 평강이 있으라' 는 말씀을 꼭 넣습니다.

사도 바울은 원래 교회를 대적하는 사람이었습니다. 그는 스데반 집사가 돌에 맞아 죽을 때 증인으로 섰던 사람이었습니다. 그런데 그가 예수 믿는 사람을 붙잡아 감옥에 넣으려고 공문을 받아 다메섹으로 가던 중 빛으로 오신 예수님을 만났습니다. 예수님을 만난 순간 그의 운명이 바뀌었습니다. 이방인을 위한 사도로 하나님의 부르심을 받은 것입니다. 그래서 바울은 그의 일생이 다 가도록 삶에 분명한 목표를 가지고 하나님의 영광을 위해 헌신한 주님의 귀한 종이 되었습니다.

예수님 이후로 사도 바울만큼 큰 업적을 남긴 종이 없습니다. 신약 성경 27권 중에 13권이나 되는 책을 썼고 히브리서도 그의 영향을 받아 쓰인 책이라고 할 때, 사도 바울은 14권을 쓴 셈이 됩니다. 또한 그는 많은 기사와 이적을 행하고 유럽과 소아시아 일대에 복음을 전하여 교회를 세우고 예수 그리스도의 복음의 기초를 든든히 세운 주님의 귀한 종이었습니다.

사도 바울이 이렇게 큰 역사를 이루었던 배경에는 '**하나님의 부르심**'에 대한 확신이 있었습니다.

"하나님께서 나를 부르셨습니다. 나 같은 죄인을 불러서 주님의 종으로 삼으셨습니다. 나는 죄인 중에 괴수였습니다. 교회를 훼파했으며 스데반 집사가 돌에 맞아 죽을 때에도 그가 죽는 것이 당연하다고 생각해서 증인으로 서 있던 사람이었습니다. 이렇듯 나는 그 어느 부분을 봐도 구원받을 만한 자격이 없었습니다. 그런데도 하나님께서 나를 택하셔서 하나님의 종으로 세우셨습니다. 그러므로 이제 내 남은 일생 다 바쳐 주님을 위해 살기 원합니다."

이것이 사도 바울의 고백이자 평생의 소원이었습니다. 그래서 그는 늘 다음과 같이 말했습니다.

"**나는 날마다 죽노라**"(고전 15:31).

"**내가 그리스도와 함께 십자가에 못 박혔나니**"(갈 2:20).

"**내게는 우리 주 예수 그리스도의 십자가 외에 결코 자랑할 것이 없으니**"(갈 6:14).

이러한 인생을 살았기에 그는 생애 마지막 순간에 다음과 같이 담대히 고백할 수 있었습니다.

"**나는 선한 싸움을 싸우고 나의 달려갈 길을 마치고 믿음을 지켰으니 이제 후로는 나를 위하여 의의 면류관이 예비되었으므로 주 곧 의로우신 재판장이 그날에 내게 주실 것이며 내게만 아니라 주의 나타나심을 사모하는 모든 자에게도니라**"(딤후 4:7-8).

사랑하는 여러분, 우리에게도 이러한 은혜가 있어야 합니다. 우리가 이렇게 교회에 와서 앉아 있는 것도 우연이 아니라 하나님의 부르심 때문입니다. 나를 사랑하사 나를 택하고 부르신 하나님의 사랑에 감동되어 하루의 첫 시간에 먼저 주님 앞에 나와 찬양과 기도로 하루를 시작하며 그러한 은혜로 하루를 출발하는 것입니다.

이처럼 하나님의 부르심이 중요합니다. 그렇기 때문에 여러분이 어디서 무엇을 하든지 간에 '과연 하나님의 뜻이 어디 있는가?'를 먼저 생각하셔야 합니다. 그리고 "주님, 내가 하루하루 살아가는 동안 하나님의 뜻대로 살기 원합니다. 뿐만 아니라 내 인생을 향한 하나님의 부르심이 무엇인지 알기 원합니다. 먼저 그의 나라와 그의 의를 구하는 삶이 되기를 원합니다. 주님! 내게 주님의 뜻을 가르쳐 주옵소서."라고 기도해야 합니다.

많은 사람들이 주님의 뜻을 알기 원해서 여러 가지로 노력을 합니다. 그런데 중요한 것은, 주님의 뜻은 '**하나님의 약속의 말씀**'을 통하여 알 수 있다는 것입니다. 하나님은 기록된 말씀을 통해 당신의 뜻을 나타내십니다. 그러므로 주님의 뜻을 깨닫기 원하면 늘 주야로 주님의 말씀을 묵상하시기 바랍니다.

어떤 분은 꿈을 통해 주님의 뜻을 찾으려고 합니다. 어떤 분은 기적을 통해 주님의 뜻을 찾으려 합니다. 또 어떤 분은 주님의 음성을 직접 들어야 주님의 뜻을 알 수 있다고 생각합니다. 성경이 완성되기 전에는 그러한 일이 종종 있었습니다. 하지만 성경이 완성되고 난 후에는 일반적인 모든 것은 말씀을 통해서 깨닫게 해 주십니다. 그렇기 때문에 하나님께서는 특별한 경우가 아니면 일반적으로 하나님의 말씀을 통하여 하나님의 뜻을 깨닫기 원하시는 것입니다.

사도 바울은 자신이 하나님의 뜻으로 부름 받았다고 말한 후, 에베소 성도들에게 **"하나님 우리 아버지와 주 예수 그리스도로부터 은혜와 평강이 너희에게 있을지어다"**(엡 1:2)라고 말합니다.

'은혜' 란 무엇입니까? 은혜는 '값없이 주시는 선물' 입니다. 우리는 은혜 없이 살 수 없습니다. 예수를 믿는 것도 은혜요, 오늘 이 시간 이 자리에 있게 된 것도 은혜요, 우리의 일생이 은혜입니다.

그렇기 때문에 우리는 "주여! 내가 주님의 은혜 없이 살 수 없사오니 날마다 나에게 풍성한 은혜를 주시기 원합니다. 이른 아침 주님 앞에 나와 기도할 때 은혜를 주시고, 오늘 주님과 동행할 때 은혜를 주시고, 오늘 밤 잠잘 때에도 주님의 은혜 가운데 잠자리에 들게 하여 주옵소서. 1년 365일이 은혜의 날들이 되게 하여 주시고, 나의 일생이 은혜의 일생이 되게 하여 주옵소서."라고 기도해야 합니다.

'하나님의 은혜' 라는 찬양 중에 이런 가사가 있습니다.

"한량없는 은혜 갚을 길 없는 은혜 내 삶을 에워싸는 하나님의 은혜".

그렇습니다. 우리가 받은 하나님의 은혜는 말 그대로 한량없는 은혜요, 갚을 길 없는 은혜요, 내 삶을 온통 에워싸는 은혜입니다. 우리는 그 은혜 가운데 살아야 합니다.

'**평강**' 은 무엇입니까? 평강은 '은혜의 결과로 우리 삶 가운데 나타나는 열매' 중의 하나입니다. 은혜 받은 사람들의 마음에는 평안함이 있습니다. 마음에 평안함이 없고 늘 불안하고 걱정과 염려가 있는 사람은 은혜가 부족한 사람입니다. 그러므로 우리는 은혜를 많이 받아 마음에 평안함이 있어야 합니다.

내 마음에 평안함이 넘쳐 나서 밖으로 나타나는 것이 '**기쁨**' 입니다. 그래서 성령의 열매를 보면 '희락(기쁨)' 과 '화평' 이 함께 나옵니다.

"오직 성령의 열매는 사랑과 희락과 화평과 오래 참음과 자비와 양선과 충성과 온유와 절제니 이같은 것을 금지할 법이 없느니라"(갈 5:22-23).

성령의 충만함을 받으면 기쁨과 화평이 함께 나타납니다. 우리가 은혜를 받으면 마음이 평안해지고 너무 기쁘고 즐거워 "나의 맘속이 늘 평안해 나의 맘속이 늘 평안해"(찬송가 466장)

라고 찬송 부르며 하나님께 영광 돌리는 삶을 살아갈 수 있게 되는 것입니다.

그러므로 우리는 매일 "주님, 오늘도 내게 은혜와 평강이 충만하게 하여 주옵소서. 주님의 은혜가 풍성하여서 내 마음에 기쁨과 평화가 넘쳐 나게 하여 주옵소서. 주님의 평안, 그 누구도 빼앗을 수 없는 주님의 그 평안이 내 마음 가운데 있게 하여 주옵소서."라고 기도해야 합니다.

고(故) 이천석 목사님은 6·25전쟁으로 다리를 잃은 상이군인이었습니다. 목사님은 예수를 믿기 전에는 주먹을 쓰는 사람들과 같이 어울려 다니며 "내가 나라를 위해서 이렇게 다리를 바쳤는데 말이야, 뭐든지 있는 것 다 내놔!"라고 협박하며 사람들에게서 돈을 뜯어내었습니다. 사람들은 그가 나타나면 다 두려워 떨었습니다.

그런데 하루는 그의 귀에 한강 백사장에 누군가 천막을 치고 집회를 한다는 소문이 들려왔습니다. 그는 "허! 감히 내 영토에 자릿세도 안 내고 와? 얘들아, 가자!" 하며 패거리들을 동원하여 각목을 들고 행패를 부리러 백사장으로 달려갔습니다. 가 보니 사람들이 많이 모여 있었고, 앞에서는 누가 열심히 땀을 흘리며 무슨 말을 전하고 있었습니다. 그 모습을 본 그는

"야! 때려 부수더라도 저 말 좀 들어 보고 때려 부수자." 라고 말하고는 뒷자리에서 각목을 들고 서서 들었습니다. 그런데 바로 그 자리에서 하나님의 불을 받고 고꾸라진 것입니다. 그리하여 그렇게 험한 인생을 살던 분이 완전히 변화되어서 하나님의 종이요, 능력의 부흥사로서 일생을 하나님께 영광 돌리게 되었습니다.

그 이후로 목사님은 어디에서 부흥회를 하시든지 말씀을 시작하기 전에 제일 먼저 찬송가 405장을 부르셨습니다.

"나 같은 죄인 살리신 주 은혜 놀라와 잃었던 생명 찾았고 광명을 얻었네……".

1절부터 4절까지 부르고 또 부르고, 부르고 또 부르며 약 10분 내지 20분가량 계속 찬송한 후 설교를 시작하셨습니다.

얼마나 주님의 은혜에 감사하면 그렇게 하셨겠습니까? 그러니 성도들도 목사님을 따라 찬송을 부르고 또 부르다가 마음의 문이 열려 모두 큰 은혜를 받게 되었습니다. 처음에는 '설교도 안 하고 찬송만 부르나?' 라고 생각하던 사람들도 나중에는 찬송을 부르는 중에 다 은혜를 받았다고 합니다. 왜 그렇습니까? 바로 그 찬송 가운데 주님이 주신 메시지가 있었기 때문입니다.

2. 하나님의 선택과 예정

이제 하나님의 놀라운 구원 사역에 대해서 말씀드리기 원합니다. 사도 바울은 본문 3절에서 다음과 같이 말합니다.

"찬송하리로다 하나님 곧 우리 주 예수 그리스도의 아버지께서 그리스도 안에서 하늘에 속한 모든 신령한 복을 우리에게 주시되".

하나님께서는 하늘에 속한 모든 신령한 복을 우리에게 주셨습니다. 그런데 누구 안에서 복을 주셨습니까? 3절을 보면 '그리스도 안에서' 라고 말합니다. 사도 바울의 신앙의 핵심은 바로 '그리스도 안에서' 입니다.

그러면 그리스도 안에서 우리에게 주신 '신령한 복' 은 무엇입니까? 바로 우리를 '구원' 하신 것입니다. 우리가 받은 은혜가 왜 '한량없는 은혜, 갚을 길 없는 은혜, 내 삶을 에워싸는 은혜' 입니까? 우리 같은 죄인이 구원받았으니 한량없고 갚을 길 없고 내 삶을 온통 에워싸는 은혜인 것입니다. 이 구원의 은혜가 우리 모두에게 임했습니다.

이 구원 사역은 우리에게 하나님의 뜻이 이루어진 것입니다. 하나님의 뜻이 하나님의 '선택과 예정' 가운데 우리에게 이루어졌습니다.

"곧 창세 전에 그리스도 안에서 우리를 택하사 우리로 사랑 안에서 그 앞에 거룩하고 흠이 없게 하시려고 그 기쁘신 뜻대로 우리를 예정하사 예수 그리스도로 말미암아 자기의 아들들이 되게 하셨으니"(엡 1:4-5).

우리가 본래 구원받을 만한 자격이 있어서 구원받은 것이 아닙니다. 구원받고 싶어 구원받은 것도 아닙니다. 우리가 노력해서 구원받은 것은 더더욱 아닙니다. 하나님께서 무조건적으로 우리를 택하여 "너는 내 자녀다."라고 불러 주셨습니다. 그 선택과 예정 가운데 우리가 구원받은 것입니다. 그렇기 때문에 우리는 만 입이 있어도 그 구원의 은혜에 대한 감사를 다 표현할 수 없습니다.

우리에게 무슨 자격이 있습니까? 우리 자신을 들여다보면, 예수를 믿고 난 지 오랜 시간이 지났는데도 불구하고 아직도 우리 속에 부끄러운 모습이 가득 담겨 있는 것을 볼 수 있습니다. 혈기도 많고 소리도 잘 지르고 질투도 잘하고 남을 물어뜯고 끌어내리기까지 합니다. 우리는 이러한 모습을 갖고 살아왔는데, 하나님께서는 이런 우리를 무조건 택하셨습니다.

왜 그렇습니까? 하나님은 사랑이시기 때문입니다(요일 4:8). 하나님의 사랑에 근거하여 우리는 택함을 받았습니다. 우리가 무슨 자격이 있어서 택함 받은 것이 아니라, 하나님께서 무조건적으로 우리를 사랑하셔서 우리를 택하여 부르시고 하나님의 자녀로 세우셨습니다. 그러니 이 은혜가 얼마나 감사한지 모릅니다.

그렇다면 우리를 언제 택하셨습니까? 4절 말씀을 보면 '창세 전' 에 우리를 택하셨다고 말씀합니다. 온 세계가 지음 받기 전에 우리를 미리 택하셨다는 것입니다. 얼마나 감사합니까! 그러므로 '한량없는 은혜' 인 것입니다.

5절을 보면 **"그 기쁘신 뜻대로 우리를 예정하사 예수 그리스도로 말미암아 자기의 아들들이 되게 하셨으니"** 라고 말씀합니다. 우리를 하나님의 사랑 가운데서 거룩하고 흠이 없게 만드시기 위해 택하셨는데, 이는 하나님의 기쁘신 뜻을 따라서 택하셨다는 것입니다. 또한 하나님께서는 **'예수 그리스도로 말미암아'** 우리를 택하셨습니다.

이와 같이 구원의 길은 하나입니다. 오직 예수 그리스도 한 분만이 구원의 길이 되십니다. 우리는 예수 그리스도를 통하지 않고는 구원받을 수가 없습니다. '종교다원주의' 라고 하는 이상한 학설이 있어서 여러 길이 위로 가면 다 통한다고 하는데 그렇지 않습니다. 구원의 길은 하나밖에 없습니다. 예수 그리스도 외에는 구원의 길이 없습니다. 예수님만이 우리의 길이요, 진리요, 생명이 되십니다(요 14:6). 그러므로 하나님의 모든 예정이 예수 그리스도를 통하여 이루어졌고, 우리가 예수 그리스도를 통하여 구원받고 하나님의 자녀가 되었기에, 우리는 예수 그리스도를 찬양하고 예배 드리는 것입니다. '예수 그리스도로 말미암아!' 이 얼마나 감사한 일인지 모르겠습니다.

6절을 보면 **"이는 그가 사랑하시는 자 안에서 우리에게 거저 주시는 바 그의 은혜의 영광을 찬송하게 하려는 것이라"**고 말씀합니다. 그의 사랑하시는 자 안에서, 즉 예수 그리스도 안에서 우리를 택하신 은혜는 **'거저 주시는 은혜'** 라는 것입니다. 이처럼 은혜는 거저 받는 선물입니다. 선물을 돈 받고 주는 사람이 없듯이, 하나님께서는 구원의 놀라운 은혜를 우리에게 선물로 거저 주셨습니다. 이처럼 갚으려야 갚을 수 없는 구원의 은혜를 우리가 받았기 때문에 우리는 늘 주님 앞에 감사로, 눈물로, 감격으로 나아가야 합니다.

구원의 은혜가 깊으면 깊을수록 우리는 더 풍성한 감사를 드리게 됩니다. 왜 그렇습니까? 앞에서도 언급했지만 우리는 자격이 없는 자로서, 즉 자격 미달인 자로서 구원을 받았기 때문입니다. 그 무엇을 보아도 내 힘과 내 능력과 내 노력으로는 구원을 얻을 만한 아무런 자격이나 조건이 없습니다. 그런데 하나님께서 우리를 사랑하셔서 예수 그리스도를 통하여 우리를 구원하시고, 하나님의 자녀로 삼아 주시고, 우리의 신분을 마귀의 노예에서 하나님의 자녀로 바꾸어 주셨습니다. 거저 받은 은혜로 우리의 신분이 바뀌었습니다. 마귀의 노예로 저주 가운데 신음하던 우리가 하나님의 축복 받은 자녀가 되었습니다. 할렐루야! 그러므로 이제부터는 날마다 "나는 하나님의 축복 받은 자녀입니다."라고 힘차게 고백하며 살아가시길 바랍니다.

3. 예수 그리스도의 구속 사역

예수님께서 우리를 구원하실 때 구체적으로 어떠한 역사가 일어났습니까? 7절을 보면 "**우리는 그리스도 안에서 그의 은혜의 풍성함을 따라 그의 피로 말미암아 속량 곧 죄 사함을 받았느니라**"고 말씀합니다. 여기에 아주 놀라운 은혜의 말씀이 있습니다. 우리가 '죄 사함을 받았다'는 것과, 그 죄 사함을 받는 근거가 '예수님의 피'라는 것입니다.

히브리서 9장 22절을 보면 "율법을 따라 거의 모든 물건이 피로써 정결하게 되나니 피흘림이 없은즉 사함이 없느니라"고 말씀합니다. 베드로전서 1장 18절부터 19절에서도 "너희가 알거니와 너희 조상이 물려 준 헛된 행실에서 대속함을 받은 것은 은이나 금 같이 없어질 것으로 된 것이 아니요 오직 흠 없고 점 없는 어린 양 같은 그리스도의 보배로운 피로 된 것이니라"고 말씀합니다.

본문 7절 말씀에 나오는 '속량'(贖良)이라는 단어는 다른 표현으로 '구속'(救贖), '속죄'(贖罪)라고 말할 수 있는데, 이는 모두 '값을 지불했다'라는 의미가 있습니다. "나 속죄함을 받은 후"(찬송가 183장), "속죄함 속죄함 주 예수 내 죄를 속했네"(찬송가 189장)라는 찬송가 가사 역시 이러한 의미입니다.

그렇다면 우리는 어떻게 속죄함, 구속함을 받았습니까? 어떻게 우리가 속량 받은 하나님의 자녀가 되었습니까? 이 단어들이 모두 '값을 지불했다'는 의미라면, 누가 그 값을 지불했습니까? 바로 예수님께서 그 값을 지불하심으로 우리가 속죄함, 구속함, 곧 속량을 받은 것입니다. 그러면 그 값을 무엇으로 지불하였습니까? 그것은 예수님의 피, 즉 흠 없고 점 없는 어린 양 같은 예수님의 피입니다.

본래 우리는 어찌할 수 없는 죄성(罪性)을 가지고 태어났습니다. 아담과 하와 이후 모든 사람이 죄 가운데 있게 되었기 때문입니다. 그러므로 죄가 없는 사람은 한 사람도 없습니다(롬 3:10). 모든 사람이 죄 가운데 태어나서 죄 가운데 살다가 죄 가운데 죽습니다. 이것이 사람의 운명입니다.

그래서 사람들은 이 죄를 이겨 보려고 몸부림을 치고 또 여러 종교를 찾아 온갖 신들에게 빌어 보았습니다. 그러나 인류 역사상 죄의 문제를 해결해 준 신은 없었습니다. 예수 그리스도 외에는 그 누구도 우리의 죄를 사해 줄 능력이 없었기 때문입니다. 사람들이 그렇게 노력하고 애써도 종국에 얻는 결론은 자신들이 죄인이라는 것뿐이었습니다. 자신들이 죄인이라는 것, 자신들의 존재 자체가 '절망'이라는 것밖에는 깨달은 것이 없었습니다.

그러나 예수님 안에서는 절망이 없습니다. 예수님 안에서는 더 이상 죄가 역사하지 못합니다. 예수님께서 십자가에서 피 흘리심으로 우리의 죗값을 갚으셨기 때문입니다.

아담과 하와 이후 모든 사람이 죄 가운데 태어나 죄 가운데 살다가 죄 가운데 죽었습니다. 그런데 하나님께서 당신의 택하신 백성들인 이스라엘 백성들에게 일시적으로 죄 사함을 받게 하기 위해 제사를 허락하셨습니다. 그것이 바로 '**피의 제사**' 입니다. 죄를 지었을 때 짐승을 데리고 와서 피 흘려 죽게 함으로 일시적으로 죄 사함을 받게 하셨습니다. 그래서 수없이 많은 양과 비둘기와 염소와 소가 피를 흘렸습니다. 누구 때문입니까? 주인의 죄 때문입니다. 사람들의 죄 때문에 애꿎은 짐승들이 피를 흘리고 또 흘리며 계속 죽어 갔습니다.

그러나 이것은 일시적인 제사입니다. 짐승이 피 흘리는 모습을 보면서 '다시는 죄짓지 말아야지!' 결심하고서도 돌아서면 또 죄를 짓는 것이 인간입니다. 후회하면서도 돌아서면 또 죄짓고, 후회하면서도 돌아서면 또 죄짓고……, 이러한 일들이 계속 반복되는 것이 우리 인간의 모습입니다. 집에 애완용으로 강아지나 고양이를 기르는 분들은 그 강아지나 고양이가 주인인 나의 죄 때문에 죽는다고 생각해 보십시오. 밤낮 끼고 안고 같이 자던 그 강아지가 주인의 죄 때문에 죽는다고 생각해 보십시오. 너무나 고통스러워서 상상조차 하기 어려울 것입니다.

이렇게 주인의 죄 때문에 짐승이 죽어 가고 또 죽어 가는 것, 바로 이것이 구약 시대의 제사입니다. 특히 양은 죽으러 가면서도 그냥 멋모르고 따라갑니다. 그리고 목이 칼에 찔려 피를 흘리며 죽어 가는데도 눈물만 흘릴 뿐 전혀 반항하지 않습니다. 그것이 양의 죽음입니다.

어린 양 되신 우리 주님도 이러한 양처럼 그 고난의 십자가에서 피 흘리시며 묵묵히 죽임을 당하셨습니다. 그렇기 때문에 성경은 "그가 곤욕을 당하여 괴로울 때에도 그의 입을 열지 아니하였음이여 마치 도수장으로 끌려 가는 어린 양과 털 깎는 자 앞에서 잠잠한 양 같이 그의 입을 열지 아니하였도다"(사 53:7)라고 말씀합니다.

죗값을 지불하려면 죄 없는 인간이 대신 피를 흘려야 하는데, 모든 사람이 죄 가운데 있기 때문에 죗값을 대신 갚을 수 있는 사람은 단 한 사람도 없습니다. 그렇기 때문에 하나님의 아들 독생 성자 예수께서 육신의 몸을 입고 이 땅에 오셔서 피 흘려 죽으심으로 모든 죗값을 단번에 영원히 다 갚으시고 우리를 죄에서 구원하여 주신 것입니다.

그래서 성경은 다음과 같이 말씀합니다.

"이러한 대제사장은 우리에게 합당하니 거룩하고 악이 없고 더러움이 없고 죄인에게서 떠나 계시고 하늘보다 높이 되신 이라 그는 저 대제사장들이 먼저 자기 죄를 위하고 다음에 백성의

죄를 위하여 날마다 제사 드리는 것과 같이 할 필요가 없으니 이는 그가 단번에 자기를 드려 이루셨음이라"(히 7:26-27).

"그가 거룩하게 된 자들을 한 번의 제사로 영원히 온전하게 하셨느니라"(히 10:14).

할렐루야! 얼마나 감사합니까! 그래서 우리는 주님의 보혈의 공로를 찬송해야 합니다. 주님의 보혈이 우리의 죄를 사합니다. 주님의 보혈이 우리를 새롭게 합니다. 주님의 보혈이 은혜에 은혜를 더합니다. 뿐만 아니라 이 보혈의 능력으로 우리가 기도할 때 귀신이 쫓겨 나가고, 병이 고침 받고, 문제가 해결됩니다. 그러므로 날마다 주님의 보혈의 능력을 의지하시기 바랍니다. 보혈의 능력으로 말미암아 매일의 삶 가운데 이기고 또 이기어 하나님의 놀라운 역사를 이루어 나가는 여러분이 되시기를 바랍니다.

속죄함을 받은 후 우리에게는 어떠한 은혜가 임합니까? 8절을 보면 **"이는 그가 모든 지혜와 총명을 우리에게 넘치게 하사"** 라고 말씀합니다. 즉, 속죄함을 받은 후 우리에게는 **'지혜'** 와 **'총명'** 이 넘치게 된다는 것입니다.

지혜란 무엇입니까? 모든 것을 깨달아 아는 지식을 말합니다. 총명이란 무엇입니까? 그 깨달은 지식을 잘 활용하는 능력입니다. 우리에게는 지혜도 필요하고 총명도 필요합니다. 많은 것을 깨달아 알고 또한 그것을 잘 활용할 수 있어야 합니다. 그러므로 우리는 “주님, 나에게 지혜와 총명을 주셔서 깨닫게 하시고 또 그것을 올바르게 적용하여 삶 가운데 실천할 수 있게 주님의 은혜를 내려 주옵소서.”라고 기도할 필요가 있습니다. 그럴 때 하나님께서 우리에게 한량없는 지혜와 총명을 허락해 주셔서 주의 뜻을 깨달아 알게 하시고 주의 뜻을 따라 살아갈 수 있도록 은혜를 베풀어 주십니다.

그렇다면 주님께서 우리에게 이러한 구속의 은혜와 지혜와 총명을 주신 이유는 무엇입니까? 이에 대해 사도 바울은 이렇게 말합니다.

“이는 우리가 그리스도 안에서 전부터 바라던 그의 영광의 찬송이 되게 하려 하심이라 그 안에서 너희도 진리의 말씀 곧 너희의 구원의 복음을 듣고 그 안에서 또한 믿어 약속의 성령으로 인치심을 받았으니 이는 우리 기업의 보증이 되사 그 얻으신 것을 속량하시고 그의 영광을 찬송하게 하려 하심이라” (엡 1:12-14).

12절에 중요한 내용이 있습니다. 하나님께서 우리를 **‘하나님의 영광의 찬송’**이 되게 해 주시겠다고 말씀하신 것입니다.

우리 일생의 목표가 무엇입니까? '하나님의 영광' 입니다. "주님, 내가 하나님 앞에서 영광의 찬송이 되기를 원합니다. 내가 가는 곳마다 주님의 영광이 나타나기를 원합니다. 주님의 향기를 나타내기 원합니다. 나의 속사람이 예수님 모습을 닮아가고 내가 가는 곳마다 내가 만난 예수님, 나의 구세주 예수님, 나를 위해서 피 흘려 돌아가신 예수님을 증거하며 살아가는 복음의 증인이 되기를 원합니다. 주님, 나를 영광의 찬송으로 만들어 주옵소서." 이것이 우리 일생의 목표가 되어야 합니다.

이를 위해 하나님께서는 예수님을 통하여 우리를 구원하여 주시고 성령으로 인(印) 쳐 주셨습니다. 성령으로 인을 쳤다는 것은 성령으로 도장을 찍었다는 것입니다. 성령께서 도장을 찍듯이 우리 마음속에 늘 구원의 확신을 가져다주신다는 것입니다. 그러므로 예수 믿는 사람들은 성령으로 충만해야 합니다. 성령의 충만함으로 늘 마음에 구원의 확신을 갖고 살아야 합니다. 이렇게 구원의 확신을 갖고 절대 흔들리지 말고 목표를 세워서 예수님만 바라보고 믿음으로 전진해 나갈 때, 하나님께서는 우리를 그의 영광의 찬송이 되게 만들어 주십니다.

우리 일생이 다 가도록 하나님께 영광 돌리는 삶을 살게 되기를 바랍니다. 또한 하나님께 찬양과 영광을 돌림으로써 하나님께서 베푸시는 풍성한 은혜와 축복을 받아 누리기를 바랍니다. 우리가 전심으로 하나님께 영광을 돌릴 때 하나님께서는 넘치는 은혜를 부어 주실 것입니다.

우리 예수 믿는 사람들은 예수 믿고 나서 잘되어야 합니다. 왜 그렇습니까? 이는 하나님의 뜻이기 때문입니다. 하나님께서는 **"너희를 향한 나의 생각을 내가 아나니 평안이요 재앙이 아니니라 너희에게 미래와 희망을 주는 것이니라"**(렘 29:11)고 말씀하셨습니다. 또한 성경은 **"하나님이 능히 모든 은혜를 너희에게 넘치게 하시나니 이는 너희로 모든 일에 항상 모든 것이 넉넉하여 모든 착한 일을 넘치게 하게 하려 하심이라"**(고후 9:8)고 말씀합니다. 그러므로 우리가 잘되어서 우리 주위에 소외되고 병들고 문제 있고 어려움 당한 사람들에게 예수님의 사랑을 실천하는 삶을 살아야 합니다. 하나님의 영광의 통로, 축복의 통로가 되어야 합니다.

사랑하는 여러분, 하나님의 뜻 가운데 부르심을 받아서 은혜와 평강이 넘치는 삶을 사시기 바랍니다. 여러분 각자는 하나님이 직접 선택하시고 예정하셨습니다. 그러므로 하나님께서 택하신 것을 그 누구도 빼앗아 갈 수 없다는 확신을 가지고 그 은혜에 늘 감사하며 살아가시기를 바랍니다. 뿐만 아니라 우리가 예수님의 피로 죄 사함을 받은 것을 잊지 마시기 바랍니다. 주님이 십자가에서 우리의 죗값을 다 지불하셨습니다. 이 보혈의 능력을 날마다 의지하시길 바랍니다. 이러한 말씀들을 마음판에 잘 새겨서 위대한 승리의 삶, 하나님의 영광의 찬송이 되는 삶을 사는 여러분 모두가 되시기를 간절히 축원합니다.

둘째 광주리

바울의 기도,
주의 종의 축복

*

"교회는 그의 몸이니 만물 안에서
만물을 충만하게 하시는 이의 충만함이니라"
(엡 1:23)

엡 1:15-23

EPHESIANS

이로 말미암아 주 예수 안에서 너희 믿음과 모든 성도를 향한 사랑을 나도 듣고 내가 기도할 때에 기억하며 너희로 말미암아 감사하기를 그치지 아니하고 우리 주 예수 그리스도의 하나님, 영광의 아버지께서 지혜와 계시의 영을 너희에게 주사 하나님을 알게 하시고 너희 마음의 눈을 밝히사 그의 부르심의 소망이 무엇이며 성도 안에서 그 기업의 영광의 풍성함이 무엇이며 그의 힘의 위력으로 역사하심을 따라 믿는 우리에게 베푸신 능력의 지극히 크심이 어떠한 것을 너희로 알게 하시기를 구하노라 그의 능력이 그리스도 안에서 역사하사 죽은 자들 가운데서 다시 살리시고 하늘에서 자기의 오른편에 앉히사 모든 통치와 권세와 능력과 주권과 이 세상뿐 아니라 오는 세상에 일컫는 모든 이름 위에 뛰어나게 하시고 또 만물을 그의 발 아래에 복종하게 하시고 그를 만물 위에 교회의 머리로 삼으셨느니라 교회는 그의 몸이니 만물 안에서 만물을 충만하게 하시는 이의 충만함이니라

한 개인이 어떤 사람인지를 알기 위한 방법 중 하나는 그의 기도 내용을 살펴보는 것입니다. 기도는 그 영혼의 간절한 바람이자 소원이기 때문입니다. 에베소서 1장 15절부터 23절까지의 말씀은 성도를 향한 사도 바울의 기도입니다. 에베소서에는 바울의 기도가 1장과 3장과 6장에 세 번 기록되어 있는데, 1장의 기도는 특히 성도 개인에게 초점이 맞춰진 기도라고 할 수 있습니다.

우리는 사도 바울의 기도를 보면서 그가 얼마나 신실한 주의 종인지를 알 수 있습니다. 그는 언제나 성도와 교회를 생각하면서 그들을 위해 간절히 기도했습니다. 에베소 교회에 편지를 쓸 때에는 에베소 교회를 향한 간절한 소원을 가지고 기도하며 편지를 썼습니다. 또한 빌립보 교회에 편지를 쓸 때에는 빌립보 교회를 생각하면서 간절히 기도하며 편지를 썼습니다. 그는 기도할 때마다 항상 교회들을 위한 기도를 빼놓지 않았습니다. 사도 바울은 가는 곳마다 교회를 세웠기 때문에 그 지역을 생각할 때마다 자신이 세운 교회와 성도들을 위해 간절히 기도했습니다.

이처럼 주의 종의 기도의 첫 번째 기도 제목은 '주님의 몸 된 교회와 그 성도들을 향한 기도' 입니다. "하나님 아버지, 교회의 모든 성도들이 주님의 은혜 가운데 영혼이 잘됨같이 범사에 잘되며 강건하게 하여 주옵소서. 하나님의 은혜가 넘쳐 나게 하여 주옵소서." 이것이 모든 주의 종의 기도 리스트에서 빠지지 않는 첫 번째 제목입니다. 주의 종은 사도 바울과 같이 주님의 몸 된 교회와 성도들을 위하여 혼신을 바쳐 기도해야 합니다. 그런 의미에서 에베소 교회 성도들을 향한 사도 바울의 기도를 살펴보기 원합니다.

1. 성도를 향한 기도

사도 바울은 에베소 교회 성도들의 아름다운 소문을 들었습니다. 15절 말씀을 보면 **"이로 말미암아 주 예수 안에서 너희 믿음과 모든 성도를 향한 사랑을 나도 듣고"** 라고 기록되어 있습니다.

이처럼 교회는 아름다운 소문이 나야 합니다. "저 교회는 문제가 많아.", "저 교회에 가면 사람들이 사납고 불친절해."라는 식의 소문이 나면 곤란합니다. 어느 누가 문제가 많다고 소문난 교회에 찾아오겠습니까? "저 교회는 은혜가 충만하고 사랑이 충만하고 기쁨이 충만하고 말씀이 좋아. 예배를 드리면 늘 성령의 감동하심이 있어. 교회의 마당만 밟아도 은혜가 돼."라는 소문이 나야 합니다. 이런 좋은 소문을 통하여 예수 그리스도의 복음이 증거되기 때문입니다.

본문 15절을 보면 에베소 교회 성도들에 대해 왜 좋은 소문들이 났는지를 알 수 있는 두 가지 내용이 있습니다. 하나는 '주 예수 안에서 너희 믿음' 이고 또 하나는 '모든 성도를 향한 사랑' 입니다. 즉, 좋은 소문의 비결은 그들의 **믿음**과 **사랑**이었습니다.

에베소 교회 성도들은 '십자가 신앙' 으로 무장해 있었습니다. 십자가 신앙이란 수직적으로 하나님과의 관계가 잘되어 있을 뿐만 아니라 수평적으로 이웃, 즉 사람들과의 관계가 잘되어 있는 신앙을 말합니다.

에베소 교회 성도들이 그들의 아름다운 '믿음' 으로 인해 좋은 소문이 났다는 것은 그들이 십자가 신앙의 수직적 측면인 하나님과의 관계가 바로 되어 있었다는 것입니다. 그들은 하나님과의 관계가 잘되어 있었기에 좋은 믿음을 가질 수 있었습니다.

우리가 일생을 살아가는 동안에 가장 먼저 신경을 쓰고 관심을 가져야 할 부분이 바로 '하나님과의 관계' 입니다. 다시 말해, 좋은 믿음을 가져야 합니다. 하나님을 향한 흔들림 없는 믿음, 즉 언제나 변함없이 주님을 사랑하고 주님을 의지하고 주님께 영광 돌리고 주님의 뜻을 따라가는 믿음이 있어야 합니다. 그 믿음이 우리 삶 가운데 충만해야 합니다.

그런데 그 믿음의 모습이 우리 가운데 어떻게 나타나야 합니까? 예수 그리스도를 닮아 가는 모습으로 나타나야 합니다. 15절에 "**주 예수 안에서 너희 믿음과**" 라고 말씀하고 있기 때문입니다. 우리의 믿음이 예수님 안에서 잘 성장하고 견고하게 되어서 어디를 가든지 예수님의 향기를 나타내야 합니다. 그것이 하나님을 사랑하는 자들의 모습입니다.

또한 에베소 교회 성도들은 '이웃 사랑' 을 실천하는 성도들이었습니다. 사도 바울은 15절에서 **"모든 성도를 향한 사랑을 나도 듣고"** 라고 말했습니다. 즉, 에베소 교회 성도들은 수직적 차원인 하나님과의 관계뿐만 아니라 수평적 차원인 이웃과의 관계도 잘되어 있는 십자가 신앙을 가지고 있었습니다.

열심을 가지고 '하나님 사랑' 을 한다고 하면서도 '이웃 사랑' 을 실천하지 않으면 이는 불균형적인 신앙입니다. 성경은 **"누구든지 하나님을 사랑하노라 하고 그 형제를 미워하면 이는 거짓말하는 자니 보는 바 그 형제를 사랑하지 아니하는 자는 보지 못하는 바 하나님을 사랑할 수 없느니라"**(요일 4:20)고 말씀합니다. 우리는 하나님과의 관계뿐만 아니라 사람과의 관계도 바로 되어 있어야 합니다. 이것이 십자가 신앙인 것입니다. 하나님 사랑과 이웃 사랑이 우리 삶 가운데 충만하기를 바랍니다.

에베소 교인들의 아름다운 소문을 듣고 너무 기뻐서 사도 바울은 그들을 향해서 감사 기도를 드리며 그들을 축복합니다. 16절을 보면 에베소 교회를 향한 사도 바울의 감사 기도가 나옵니다.

"내가 기도할 때에 기억하며 너희로 말미암아 감사하기를 그치지 아니하고".

사도 바울은 에베소 성도들로 말미암아 감사하기를 그치지 아니한다고 말하고 있습니다. 이처럼 우리 삶의 모습은 '감사덩어리'가 되어야 됩니다. 누구든지 우리를 보면 "너를 보니 참으로 하나님 은혜가 놀랍구나! 너 때문에 하나님께 감사한다!"라고 말할 수 있어야 합니다. 우리로 말미암아 하나님께 감사드릴 내용이 많아야 하는 것입니다.

감사 덩어리가 되기는커녕 "어이구, 어쩌다 저런 녀석이 태어났나! 누구를 닮아 저렇지?"라는 식의 말을 들으면 곤란하지 않겠습니까? 물론 부모님들도 이런 말을 하면 안 됩니다. 누구를 닮기는 누구를 닮았겠습니까? 다 부모님 닮은 것 아니겠습니까? 여하튼 우리는 이렇게 원망의 대상이 되어서는 안 됩니다.

할 수 있으면 "네 모습이 얼마나 아름다운지 모르겠구나! 참으로 너의 모습이 귀하다. 참으로 너의 모습이 사랑스럽다. 참으로 너를 볼 때마다 너무나 기쁘고 감사하다."라는 감사거리를 제공하는 사람이 되어야 합니다.

우리 모두 하나님 앞에서 감사 덩어리가 됩시다. 우리를 통하여 많은 감사가 하나님께 드려지기를 바랍니다. 성숙한 그리스도인들은 하나님과 이웃 앞에서 감사할 것이 많은 성도들입니다.

뿐만 아니라 여러분의 삶이 감사 그 자체가 되어야 합니다. 항상 "날 구원하여 주신 주님 은혜에 감사합니다."라고 감사하는 우리가 되어야 합니다. 입을 열 때마다 늘 "감사합니다."라는 감사의 기도가 그치지 않기를 바랍니다. 성경은 **"감사로 제사를 드리는 자가 나를 영화롭게 하나니"**(시 50:23)라고 말씀합니다. 하나님께서는 우리의 감사를 통해 영광을 받으시고 우리 삶에 복에 복을 더해 주십니다.

에베소 성도들로 인해 하나님께 감사를 드린 사도 바울은 기쁜 마음으로 그들을 축복하며 기도합니다. 17절부터 23절까지 성도들을 향한 사도 바울의 **축복 기도**가 나옵니다.

여러분 역시 많은 사람들의 감사거리가 되어 마음에서 우러나오는 축복 기도를 받으시기 바랍니다. 무엇보다도 주의 종의 축복 기도를 받는 여러분이 되시기를 바랍니다. 주의 종의 축복 기도를 통하여, 이웃의 축복 기도를 통하여 더 큰 은혜와 축복을 누리며 살아가시기 바랍니다.

구약 시대에는 하나님께서 제사장과 한 집안의 가장에게

각각 축복권을 주셔서 제사장이 백성을, 가장이 자녀를 축복하게 하셨습니다. 그리고 제사장과 가장이 축복을 할 때 하나님께서 은혜를 내려 주셨습니다. 야곱이 둘째 아들임에도 불구하고 손과 목에 염소털을 두르고 형 에서로 가장하여 아버지를 속여 축복 기도를 받았던 것도 이 때문입니다. 여러분을 위해 기도하는 주의 종의 눈물의 기도가 감사의 기도로, 축복의 기도로 나타나게 되기를 주님의 이름으로 축원합니다.

우리는 늘 주의 종을 통하여 기도뿐만 아니라 말씀을 받고 은혜를 받습니다. 그렇기 때문에 우리는 주의 종과 좋은 관계를 맺으며 신앙생활을 해야 합니다. 주의 종과 좋은 관계를 맺는다는 것은 무엇보다 주의 종을 위해 늘 기도하는 것을 말합니다. 주의 종이 말씀의 살진 꼴을 잘 먹이도록, 성도를 위한 기도의 무릎이 쇠하지 않도록, 늘 성령으로 충만하여 은혜 가운데 교회를 잘 섬기도록 우리는 기도해야 합니다. 성도가 이렇게 주의 종을 위해 기도하고 주의 종 역시 눈물 뿌려 성도를 위해 기도할 때 주의 종과 성도가 함께 성장하고 교회도 크게 부흥하게 됩니다.

우리 여의도순복음교회는 지난 50년 동안 조용기 목사님의 눈물 어린 기도와 목사님을 위한 성도들의 간절한 기도로 말미암아 이렇게 부흥하고 부흥하여 오늘에 이르게 되었습니다. 그러므로 여러분, 늘 기도하실 때마다 주의 종을 위해서 기도하십시오. 물론 주의 종도 성도를 위해 늘 기도해야 합니다. 서로가 이러한 마음의 짐을 가지고 서로 축복하며 기도하고 연합할 때 하나님의 은혜가 크게 임하게 됩니다.

본문 17절부터 19절에는 사도 바울이 에베소 성도들을 위해 기도한 제목들이 나타나 있습니다.

먼저, 사도 바울은 하나님께서 에베소 성도들에게 **'지혜와 계시의 영'** 을 주시도록 기도하고 있습니다. 본문 17절을 보면 **"우리 주 예수 그리스도의 하나님, 영광의 아버지께서 지혜와 계시의 영을 너희에게 주사 하나님을 알게 하시고"** 라고 말씀합니다. 지혜와 계시의 영이 무엇입니까? 바로 '성령님' 입니다. 성령님께서 우리를 하나님의 지혜로 충만하게 하시고 하나님의 계시를 주십니다. 그렇다면 하나님의 계시는 무엇입니까? '하나님의 약속의 말씀' 입니다.

여러분, 계시를 다른 데서 받지 마십시오. 계시는 말씀에서 받아야 합니다. 성경은 보지 않고 혼자 기도만 하다가 이상한 계시를 받는 사람이 가끔 있습니다. 그래서 "계시 받았다."고 하면서 가끔 저에게 편지를 보내는 분도 있습니다. 하지만 진짜 계시, 완성된 계시는 하나님의 말씀밖에 없습니다. 어떤 계시도 하나님의 말씀을 뛰어넘을 수 없습니다. 성경 말씀이 최고의 계시이며 진리이며 영원불변한 하나님의 약속이자 축복의 말씀입니다.

우리는 말씀을 떠나 다른 것을 찾아가면 안 됩니다. 말씀을 떠나서 "어디 신기한 것이 있다더라.", "예언 받으러 가자." 하면 큰일 납니다. 말씀을 뛰어넘는 예언이 없습니다. 말씀보다 더 큰 축복이 없습니다. 우리에게 주신 성경만이 최고의 권위를 갖고 있는 축복의 말씀, 은혜의 말씀, 기적의 말씀입니다.

"영생의 말씀이 주께 있사오니 우리가 누구에게로 가오리이까"(요 6:68)라는 말씀처럼, 우리가 주의 말씀을 떠나 어디로 가겠습니까? 우리는 늘 말씀을 묵상해야 합니다. 너무나 귀하고 위대한 이 말씀을 다 깨달아 알기에는 우리의 시간이 모자라고, 말씀이 주는 엄청난 은혜를 감당하기에는 우리의 가슴이 너무 벅찹니다. 그런데 이 귀중한 말씀은 읽지 않고 계시 받는다고 밤낮 여기저기 좇아다니면 되겠습니까?

우리는 늘 주의 말씀을 묵상하여 말씀이 나에게 어떻게 말씀하시는가에 귀 기울여야 합니다. 사람들의 계시를 귀 담아 듣지 말고 하나님의 말씀을 귀 기울여 들으시기를 바랍니다.

강단에서 선포되는 주의 종의 말씀을 귀 기울여 들으시기를 바랍니다. 성경이 어떻게 말씀하고 있는가에 주목하여 말씀의 가르침을 따라 순종하는 여러분이 되시기를 바랍니다. 말씀 속에 모든 보화가 다 담겨 있습니다. 말씀 안에서 지혜와 계시를 얻는 여러분이 되시기를 주님의 이름으로 축원합니다.

둘째로, 사도 바울은 에베소 교회 성도들이 '**부르심의 소망**'을 알도록 기도하고 있습니다. 본문 18절을 보면, **"너희 마음의 눈을 밝히사 그의 부르심의 소망이 무엇이며"** 라고 말씀합니다.

바울은 "주님, 에베소 교인들이 각자의 부르심의 소망을 알게 하여 주옵소서! 왜 하나님께서 부르시고 왜 하나님께서 이 자리에 있게 하셨는지 깨달아 알게 하여 주시고 하나님의 영광을 위해 살게 하여 주옵소서. 그들이 '나의 일생은 오직 주님의 영광을 위한 일생이 되기를 원합니다. 주님, 나의 일생을 인도하여 주옵소서.' 라고 기도하는 자들이 되기 원합니다." 라고 기도한 것입니다. 주님께서 우리를 왜 부르셨습니까? 하나님의 영광을 위해서입니다. 우리는 우리를 부르신 목적이 하나님의 영광을 위해서라는 것을 알아야 합니다.

이스라엘이 미디안이라는 나라의 지배를 받고 있을 때 그들은 "우리를 이 고통 가운데에서 건져 주시옵소서!"라고 하나님께 부르짖었습니다. 그러자 하나님께서는 기드온을 택해서 이스라엘을 구원하기로 작정하셨습니다.

하지만 하나님께서 기드온을 부르실 때 기드온은 이렇게 말했습니다.

"오 주여 내가 무엇으로 이스라엘을 구원하리이까 보소서 나의 집은 므낫세 중에 극히 약하고 나는 내 아버지 집에서 가장 작은 자니이다"(삿 6:15).

하나님께서 기드온을 부르실 때 그는 "나는 정말로 부족하고 연약하고 아무것도 아닌 자입니다."라고 대답했습니다. 그럼에도 불구하고 하나님이 부르시면 기적이 일어납니다. 하나님이 부르시면 놀라운 역사가 나타나게 됩니다.

잘 아시는 대로 기드온이 미디안을 치기 위해서 군사를 모았는데, 처음에 3만 2천 명이 모였습니다. 이때 하나님께서는 "너무 많다. 돌려보내라."고 명령하셨습니다. 돌려보내니 만 명이 남았습니다. 그런데 하나님께서는 또 "만 명도 많다. 만 명을 물가로 데려가서 손에 물을 움켜쥐고 먹는 사람만 뽑아라."고 명령하셨습니다. 손에 물을 움켜쥐고 먹는 사람만 뽑고 나머지는 다 돌려보내니 겨우 3백 명이 남았습니다. 그렇게 해서 기드온의 3백 용사가 뽑혔습니다.

그런데 이 기드온의 3백 용사가 몇 명을 물리쳤는지 아십니까? 자그마치 13만 5천 명을 물리쳤습니다. 하나님의 부르심을 받고 순종하니까 대승을 한 것입니다. "나는 지극히 작은 자입니다. 나는 못합니다."라고 말하던 기드온, 자랑할 것도 없고 능력도 없던 그가 하나님의 부르심에 순종하자 성령의 능력이 임하여 3백 명의 군사로 13만 5천 명을 쳐서 승리하는 위대한 역사를 이루었습니다.

이처럼 여러분도 성령에 사로잡히기만 하면 여러분이 상상하지도 못하는 놀라운 일이 일어납니다. 여러분을 통하여 온 가정이 구원을 받고, 온 직장이 복음화 되고, 온 학교가 복음화 되고, 온 사회가 그리스도의 복음으로 변화되는 놀라운 역사가 나타납니다. 그러므로 "주여! 제가 기드온의 용사같이 쓰임 받게 하여 주옵소서."라고 간절히 기도하십시오. 주님께 붙들리기만 하면 기적은 일어납니다.

'로렌스 형제' (Brother Lawrence)로 알려진 니꼴라 에르망(Nicolas Herman)이라는 분이 있습니다. 프랑스에서 태어난 그는 유럽의 30년 전쟁에 참전하였다가 다리를 다쳐 불구가 되었습니다. 그 뒤 그는 수도사가 되고 싶어 수도원을 찾아갔지만 학력이 부족하여 수도사가 될 수 없다는 통보를 받았습니다. 하지만 그는 여러 차례 간청을 하여 수도사가 아닌 주방 요리사 자격으로 수도원에 들어가게 되었습니다.

그때 그의 나이는 이미 오십이 넘었습니다. 그러나 로렌스 형제는 항상 "비록 수도사는 아니지만 꿈에도 그리던 수도원에 들어와서 이렇게 하나님의 종들을 섬기게 됨을 감사합니다."라고 하나님께 감사하며 자신이 일하는 부엌이 작은 천국이라고 생각하고 정성껏 음식을 만들었습니다.

그는 하찮은 일도 주님께서 맡겨 주신 사명인 줄로 알고 부르심의 소망을 따라서 열심히 일했습니다. 음식을 만들고 청소하는 일을 마치 주의 종이 교인들 앞에서 설교하는 것처럼 최선을 다해, 정성을 다해 했습니다. 매 식사 후 산더미처럼 쌓이는 그릇을 닦고 음식을 준비하는 힘든 부엌일을 하면서도 그저 감사하다는 기도만 드렸습니다.

시장 보러 갈 때도 "주님, 값싸고 좋은 식품을 잘 구입하게 해 주셔서 수도사들이 잘 먹게 하여 주옵소서.", 설거지를 할 때도 "하나님 아버지! 물로 이 그릇이 깨끗이 씻기는 것처럼 예수님의 보혈로 내 마음을 깨끗이 씻어 청결케 하여 주옵소서." 라고 기도했습니다. 불을 지피면서도 "하나님 아버지! 이 불이 불타오르는 것처럼 내 마음에 성령의 불이 타오르게 하여 주옵소서." 라고 기도했습니다. 또한 수도사들이 음식을 먹는 모습을 보면서도 "하나님! 저의 부족한 요리 솜씨로 이 귀한 수도사들이 저렇게 맛있게 음식을 먹고 건강을 얻으니 감사합니다." 라고 기도했습니다. 그는 남들이 하찮게 여기는 주방 일을 하면서도 20년을 하루같이 늘 기도와 감사의 삶을 살았습니다.

이렇게 하나님을 위해 일을 할 때 하나님이 로렌스 형제와 함께하셨습니다. 그의 헌신된 모습을 보고 수도원의 많은 수도사들이 그를 존경하게 된 것입니다. 많은 사람들이 그의 조언을 듣고자 그가 일하는 주방으로 찾아오기 시작하였습니다. 수도사들은 항상 맑고 밝고 환한 그의 표정 가운데에서 하나님의 임재하심을 발견하게 되었습니다.

그리하여 로렌스 형제는 그 수도원 원장의 자리에까지 오르게 되었습니다. 자신은 자격이 없다고 사양했지만 수도사들의 열렬한 지지 속에 원장으로 추대되었던 것입니다. 비록 처음에는 요리사로 들어갔지만 요리사로의 부르심에 감사하며 최선을 다했을 때 수도사가 되고 싶었던 그의 거룩한 꿈이 마침내 이루어진 것입니다.

여러분, 이처럼 어디서 무엇을 하든지 간에 부르심의 소망 안에서 기도와 감사로 나아가면 기적은 다가옵니다. 어디서 무엇을 하든지 최선을 다하면 하나님께서 함께하십니다. 주님이 나를 어느 직종에 부르셨든지, 그 부르심에 합당한 삶을 살아가면 하나님께서 영광을 받으시고 복에 복을 내려 주십니다.

예수를 믿는 사람은 '내가 하고 있는 일이 하나님의 명(命)에 의해 내게 맡겨진 일이다.' 라고 생각하고 최선을 다해야 합니다. 그럴 때 하나님의 역사를 이루게 됩니다. 무슨 일을 하든지 최선을 다해야 합니다. 그 어느 일도 하찮은 일이 없습니다. 주님 보시기에는 다 귀한 일이기 때문입니다. 그러므로 "주님, 내가 부르심의 소망을 깨달아 알아 주님이 기뻐하시는 일을 하기 원합니다."라고 기도하면서 거룩한 꿈을 가지시기 바랍니다.

요즘 젊은이들은 생각이 다양해졌습니다. 옛날 우리 어릴 때에는 "너 뭐 될래?"라고 어른들이 물으면 "대통령 될래요.", "장군 될래요."라고 대답하곤 했습니다. 그런데 요즘 우리 청소년들은 장래 희망을 물으면 "유명한 가수 될래요.", "컴퓨터 웹디자이너가 될래요.", "헤어디자이너가 될래요.", "요리사가 될래요." 등으로 아주 다양한 대답을 합니다. 각기 자신의 개성을 가지고 다양한 생각을 합니다.

중요한 것은 요리사가 되든지, 헤어디자이너가 되든지, 컴퓨터 웹디자이너가 되든지, 가수가 되든지, 무엇이 되든지 간에 그곳에서 하나님의 영광을 나타내야 한다는 것입니다. 특히 연예인이 되고자 하는 사람들은 자기 영광, 자기 인기, 자기 이름에 연연해지기 쉽습니다. 이로 인해 하나님과 멀어질 위험성이 있습니다. 그러므로 이 함정을 주의해야 합니다. 연예계에 진출하려고 하는 사람은 정말 성령으로 충만해서 '하나님의 영광을 위해서 내가 그곳에 가겠다.' 는 자세를 분명히 해야 합니다. 어디를 가든지 그곳에서 하나님의 영광을 나타내겠다는 자세로 나아갈 때 하나님께서 복을 내려 주십니다. 이처럼 부르심의 소망을 꼭 깨달아 아시기 바랍니다.

셋째로, 사도 바울은 에베소 성도들이 **'기업의 영광의 풍성함'** 을 누리게 해 달라고 기도하고 있습니다.

"너희 마음의 눈을 밝히사……성도 안에서 그 기업의 영광의 풍성함이 무엇이며"(엡 1:18).

하나님께서는 그의 자녀들을 위해서 크고 풍성한 축복을 예비해 놓으셨습니다. 하나님께서는 그의 자녀들이 기업의 영광의 풍성함을 누리기 원하십니다. 이 놀라운 축복이 예수님의 십자가를 통해서 우리에게 주어졌습니다.

그렇다면 예수님께서 십자가에서 이루신 축복은 무엇입니까? 그것은 바로 '삼중축복' 인 영혼의 축복, 범사의 축복, 건강의 축복입니다. 우리 영혼이 잘되면, 다시 말해 우리가 영적으로 축복을 받으면 그다음에 범사가 잘되어서 가는 곳마다 그곳에서 하나님의 뜻을 이루게 되고 몸과 마음이 건강해진다는 것입니다. 우리 예수를 믿는 사람은 이와 같이 영혼이 잘됨같이 범사가 잘되며 강건하게 되는 은혜를 체험하고 누려야 합니다.

여러분 마음속에 이러한 거룩한 꿈을 가지고 나갈 때 하나님께서는 여러분의 삶 가운데 놀라운 축복을 펼쳐 주십니다. 그래서 사도 바울은 "주님! 하나님의 기업의 영광의 풍성함을 그들 모두가 얻게 하여 주옵소서."라고 기도한 것입니다.

넷째로, 사도 바울은 에베소 교인들이 **'주님이 베푸신 크신 능력'** 을 체험하게 해 달라고 기도하고 있습니다.

"그의 힘의 위력으로 역사하심을 따라 믿는 우리에게 베푸신 능력의 지극히 크심이 어떠한 것을 너희로 알게 하시기를 구하노라"(엡 1:19).

그는 "에베소 교인들이 주님의 크신 능력을 한 사람도 빼놓지 않고 다 체험하게 하여 주시옵소서."라고 기도한 후, 20절부터 예수님의 능력과 권세에 대해 말하고 있습니다.

2. 그리스도의 능력과 권세

예수님의 능력과 권세는 어떤 것입니까? 바로 죄와 사망의 권세를 이기고 부활하신 권세입니다.

"그의 능력이 그리스도 안에서 역사하사 죽은 자들 가운데서 다시 살리시고 하늘에서 자기의 오른편에 앉히사 모든 통치와 권세와 능력과 주권과 이 세상뿐 아니라 오는 세상에 일컫는 모든 이름 위에 뛰어나게 하시고"(엡 1:20-21).

이 말씀은 죽음을 이기신 예수님이 만왕의 왕, 만주의 주가 되셔서 우리를 다스리고 계시며, 그 예수님이 우리의 구세주이시라는 것입니다. 그러므로 예수 그리스도의 권세 앞에 그 누구도, 그 어떤 세력도, 그 어떤 흑암의 권세도 감히 대적할 수 없습니다. 예수님의 권세 앞에 모든 세상과 모든 영의 세력이 다 굴복하고 하나님께 영광을 돌리게 되었습니다.

그렇기 때문에 빌립보서 2장 5절부터 11절에서도 이와 같이 말씀을 합니다.

"너희 안에 이 마음을 품으라 곧 그리스도 예수의 마음이니 그는 근본 하나님의 본체시나 하나님과 동등됨을 취할 것으로

여기지 아니하시고 오히려 자기를 비워 종의 형체를 가지사 사람들과 같이 되셨고 사람의 모양으로 나타나사 자기를 낮추시고 죽기까지 복종하셨으니 곧 십자가에 죽으심이라 이러므로 하나님이 그를 지극히 높여 모든 이름 위에 뛰어난 이름을 주사 하늘에 있는 자들과 땅에 있는 자들과 땅 아래에 있는 자들로 모든 무릎을 예수의 이름에 꿇게 하시고 모든 입으로 예수 그리스도를 주라 시인하여 하나님 아버지께 영광을 돌리게 하셨느니라".

이것이 예수 이름의 위대한 권세입니다! 예수님 앞에 모든 세상의 권세가 다 무릎을 꿇고 감사와 찬양과 영광을 돌리게 된 것입니다. 그 예수님이 우리의 구세주가 되셨으니 얼마나 감사한지 모르겠습니다.

이제 우리는 예수 이름의 권세, 그 권세 있는 예수 이름을 가지고 이 세상에서 승리하며 살게 되었습니다. 우리는 그 권세를 갖고 하나님의 영광을 위해서 살게 되었습니다. 그러므로 우리는 더 이상 실패자가 아닙니다. 우리는 더 이상 절망 가운데 머물러 있는 인생 낙오자가 아닙니다. 예수 그리스도 안에서 우리는 **위대한 승리자**입니다. 그러므로 마음이 무너져 주저앉고 싶은 순간에도 이 고백을 잊지 말고 매일매일 외치시기 바랍니다.

"예수 그리스도 안에서 나는 승리자이다!"

그렇습니다. 예수님이 함께하시면 우리는 승리합니다. 우리를 당할 자가 없습니다. 하나님께서는 여러분이 발바닥으로 밟는 모든 것을 다 여러분에게 축복의 땅으로 주실 것입니다. 성경은 다음과 같이 말씀합니다.

"내가 모세에게 말한 바와 같이 너희 발바닥으로 밟는 곳은 모두 내가 너희에게 주었노니"(수 1:3).

"네 평생에 너를 능히 대적할 자가 없으리니 내가 모세와 함께 있었던 것 같이 너와 함께 있을 것임이니라"(수 1:5).

모세와 함께하셨던 하나님, 여호수아와 함께하셨던 하나님이 지금 우리와 함께하십니다. 그러므로 우리가 하나님만 믿고 순종하며 따라가면 1년 365일이 기적의 날, 축복의 날, 은혜의 날로 바뀌게 되는 것입니다.

뿐만 아니라 예수님이 만왕의 왕, 만주의 주가 되시고 교회의 머리가 되시고, 교회는 그의 몸이 되었습니다.

"또 만물을 그의 발 아래에 복종하게 하시고 그를 만물 위에 교회의 머리로 삼으셨느니라 교회는 그의 몸이니 만물 안에서 만물을 충만하게 하시는 이의 충만함이니라"(엡 1:22-23).

여기에서 우리가 주목해야 될 내용이 있습니다. 교회의 머리가 누구라고 말씀했습니까? 예수님이라고 했습니다. 그렇다면 교회에서 제일 높임 받아야 할 분은 누구입니까? 예수님입니다. 교회에서 영광 받으실 분이 누구입니까? 예수님입니다. 교회에서 우리가 순종하고 따라야 할 분이 누구입니까? 바로 예수님입니다.

예수님 한 분만이 높임을 받으시고, 예수님의 이름만이 영광 받으시며, 예수님의 역사만이 나타나고, 예수님의 일만이 이루어지는 곳이 교회입니다. 그래서 교회에서는 예수님 자랑만 해야 합니다. "내가 이렇게 봉사를 많이 합니다."라며 '나'를 나타내기 시작하고 '나'를 강조하기 시작하면, 그때부터 은혜가 조금씩 떨어집니다. 우리가 어디서 간증을 하더라도 "예수님 은혜로 내가 여기까지 왔습니다." 하고 예수님을 먼저 높여야 합니다.

어떤 분은 간증하기 위해 강단에 서면 "제가 어릴 때……," 라며 소싯적 이야기부터 시작하여 "6·25사변을 통과하면서……,"라는 식의 옛날 얘기를 끝없이 합니다. 그래서 시간은 다 되어 가는데 아직 예수님의 '예' 자도 나오지 않는 경우가 있습니다. 간증은 그런 것이 아닙니다. 간증은 내가 어떻게 예수님을 만나서 어떻게 예수님의 은혜 가운데 변화되고 축복 받았는가를 말하는 것입니다. 우리가 예수님을 구주로 영접했을 때 예수님이 어떻게 우리의 삶을 변화시키셨는지, 예수님이 사랑 가운데 우리에게 어떠한 기적을 베푸셨는지, 예수님이 우리를 통해서 어떻게 영광을 받으셨는지를 말해야 합니다.

교역자들을 '주의 종' 이라고 부르는 이유도 같은 이유에서입니다. 교역자들은 예수님의 종, 예수님의 심부름꾼, 예수님의 머슴으로서, 교회의 머리 되신 예수님이 시키시는 일만 하는 자들입니다. 예수님께서 "성도들에게 말씀을 전하라." 하시면 말씀을 전하고, "성도를 위해서 기도하라." 하시면 기도하고 "성도를 사랑하라." 하시면 사랑하는 것입니다. 이것이 종의 자세입니다.

몸은 머리가 하라는 대로 순종하면 됩니다. 우리는 예수님의 몸이기 때문에, 머리 되신 예수님께서 오른손을 들라고 하시면 오른손을 들고, 왼손을 들라고 하시면 왼손을 들고, 이렇게 전적으로 예수님께서 시키시는 일만 하면 됩니다.

그런데 예수님께서는 특별히 "교회를 통해서 복음을 전하라."는 절대 지상 명령을 내리셨습니다. 교회의 머리 되신 예수님께서는 몸인 우리를 향해 다음과 같이 말씀하셨습니다.

"그러므로 너희는 가서 모든 민족을 제자로 삼아 아버지와 아들과 성령의 이름으로 침례를 베풀고 내가 너희에게 분부한 모든 것을 가르쳐 지키게 하라 볼지어다 내가 세상 끝날까지 너희와 항상 함께 있으리라"(마 28:19-20).

이처럼 교회가 존재하는 목적은 '선교'입니다. 왜 교회가 존재합니까? 복음을 전하기 위해서입니다. 교회의 머리 되신 예수님의 절대 지상 명령이 복음 전파이기 때문입니다. 모여서 예배드리고 하나님의 은혜를 받은 다음에는 나가서 전도해야 합니다. 그러므로 교회는 선교의 센터가 되어야 합니다. 부흥의 센터가 되어야 합니다. 날마다 구원받는 사람의 숫자가 더해져야 합니다.

"주여! 우리 교회를 통하여 주의 복음이 땅끝까지 전파되게 하옵소서. 우리 교회 구성원 한 사람 한 사람을 통하여 주의 복음이 만방에 증거되게 하옵소서. 우리가 복음의 증인으로 쓰임받게 하옵소서. 주님! 우리를 들어 사용하사 주의 귀한 뜻을 이루어 주옵소서. 우리의 삶을 통하여 오직 주님 한 분만이 영광 받으소서. 첫째도 주님의 영광, 둘째도 주님의 영광, 마지막도 주님의 영광! 주님만이 홀로 영광 받으소서." 이것이 우리 교회의 기도요, 목표가 되어야 합니다.

그러면 주님께서 우리 일생을 책임져 주십니다. 왜 그렇습니까? 주님께서는 분명히 **"너희는 먼저 그의 나라와 그의 의를 구하라 그리하면 이 모든 것을 너희에게 더하시리라"**(마 6:33)고 약속하셨기 때문입니다.

우리가 일생을 살아가는 동안 우리 마음에 꼭 새기고 결코 잊지 말아야 할 것은 **교회의 머리는 예수님**이라는 것입니다. 우리는 예수님 말씀에 절대 순종하고 그 말씀 앞에 절대적으로 굴복하여 내 뜻은 버리고 주의 뜻만이 나타나는 삶을 살아야 합니다. 몸이 머리의 명령을 듣지 않고 자기 마음대로 움직일 때 그것을 가리켜 '정신이상' 이라고 합니다. 정신이상자는 신경 계통에 장애가 생겨 몸과 마음이 따로따로 움직입니다. 우리 개인의 몸도 이렇게 되어서는 안 되는데 주님의 몸 된 교회가 이렇게 되면 되겠습니까?

그러므로 언제나 머리 되신 예수님의 말씀에 전적으로 순종하고, 주님을 위해서 죽도록 충성하고, 주님을 위해서라면 목숨까지라도 아낌없이 드릴 수 있는 믿음의 사람들이 다 되시기를 바랍니다.

사랑하는 여러분, 주님 앞에 감사할 것이 많은 삶을 삽시다. 언제나 우리를 볼 때마다 주의 종과 이웃들의 입에서 감사와 축복의 기도가 우러나오는 삶을 삽시다. 성령으로 충만하고, 주님의 부르심의 소망을 깨달아 알고, 주님의 자녀로서 풍성한 축복을 누리는 삶을 삽시다. 뿐만 아니라 예수님의 권세를 의지해서 승리의 삶을 삽시다. 우리는 이제 평생 부르심의 한 소망을 따라 살아갈 터인데, 더 이상 패배자와 낙오자의 모습으로 살지 맙시다. 예수님의 권세에 의지하여 다가오는 날들을 정복하며 믿음의 전진을 해 나가는 위대한 승리자의 삶을 삽시다. 교회의 머리 되신 예수님의 말씀에 절대적으로 순종하여 이 교회를 통하여 하나님의 영광이 온 천하에 나타나는 역사가 있기를 주님의 이름으로 간절히 축원합니다.

셋째 광주리

구원의 은혜, 그리스도 안에서의 새 생명

*

"너희는 그 은혜에 의하여 믿음으로 말미암아
구원을 받았으니
이것은 너희에게서 난 것이 아니요 하나님의 선물이라"
(엡 2:8)

엡 2:1-10

EPHESIANS

그는 허물과 죄로 죽었던 너희를 살리셨도다 그 때에 너희는 그 가운데서 행하여 이 세상 풍조를 따르고 공중의 권세 잡은 자를 따랐으니 곧 지금 불순종의 아들들 가운데서 역사하는 영이라 전에는 우리도 다 그 가운데서 우리 육체의 욕심을 따라 지내며 육체와 마음의 원하는 것을 하여 다른 이들과 같이 본질상 진노의 자녀이었더니 긍휼이 풍성하신 하나님이 우리를 사랑하신 그 큰 사랑을 인하여 허물로 죽은 우리를 그리스도와 함께 살리셨고 (너희는 은혜로 구원을 받은 것이라) 또 함께 일으키사 그리스도 예수 안에서 함께 하늘에 앉히시니 이는 그리스도 예수 안에서 우리에게 자비하심으로써 그 은혜의 지극히 풍성함을 오는 여러 세대에 나타내려 하심이라 너희는 그 은혜에 의하여 믿음으로 말미암아 구원을 받았으니 이것은 너희에게서 난 것이 아니요 하나님의 선물이라 행위에서 난 것이 아니니 이는 누구든지 자랑하지 못하게 함이라 우리는 그가 만드신 바라 그리스도 예수 안에서 선한 일을 위하여 지으심을 받은 자니 이 일은 하나님이 전에 예비하사 우리로 그 가운데서 행하게 하려 하심이니라 일생을 살아가는 동안에 가장 위대한 일, 가장 놀라운 기적은 우리가 예수를 믿고 하나님의 자녀가 되었다는 것입니다. 이보다 더 큰 기적이 없고 이보다 더 큰 축복이 없습니다. 죄와 허물로 죽었던 내가 구원받고 하나님의 자녀가 되었다는 것은 일생일대의 기적입니다. 어떻게 해서 나 같은 죄인이 구원을 받았는지, 만 입이 있어도 우리는 그 구원의 은혜를 다 찬송할 수 없고, 다 갚을 수 없습니다. 하나님의 무조건적인 선택으로 말미암아 하나님의 예정 가운데 자격 없는 우리가 구원을 받았습니다. 그러므로 우리는 이 구원의 은혜에 대해 늘 하나님께 감사와 찬송을 올려드려야 합니다. 우리 일생이 감사의 일생이 되어야 합니다. 하나님의 영광을 위해 사는 주님의 귀한 자녀가 되어야 합니다. 우리를 통해 주님만이 홀로 영광을 받으셔야 합니다. 오늘은 이러한 '구원의 은혜, 그리스도 안에서의 새 생명' 을 주제로 함께 말씀의 은혜를 나누고자 합니다.

1. 우리의 옛 사람

에베소서 2장 1절부터 3절까지의 말씀은 우리가 예수님 안에서 새 생명을 얻기 전, 즉 우리가 예수를 믿기 전에 어떠한 모습이었는지를 설명해 주고 있습니다.

먼저 우리의 옛 사람에 대해서 말씀을 나누기 원합니다. 성경은 우리의 옛 사람이 **'허물과 죄로 죽어 있었다'** 고 말합니다.

"그는 허물과 죄로 죽었던 너희를 살리셨도다"(엡 2:1).

우리의 옛 사람은 허물과 죄로 말미암아 영이 죽어 있었습니다. 모든 사람이 죄 가운데 태어나서 죄 가운데 살다가 죄 가운데 죽는 절망적인 운명이었습니다. 왜 그렇습니까? 인류의 조상 아담과 하와가 죄를 짓고 타락했기 때문에 죄가 모든 인류에 임해서 그와 같은 형벌이 따르게 된 것입니다.

그래서 모든 사람은 태어날 때부터 죄 가운데 태어납니다.

영이 죽은 상태로 태어납니다. 그 결과 사망이 모든 사람에게 임하게 되었습니다. 로마서 5장 12절은 이와 같이 말씀합니다.

"그러므로 한 사람으로 말미암아 죄가 세상에 들어오고 죄로 말미암아 사망이 들어왔나니 이와 같이 모든 사람이 죄를 지었으므로 사망이 모든 사람에게 이르렀느니라".

예외 없이 모든 사람이 죄를 지었기 때문에 사망이 이르게 되었고, 이 죄와 사망의 굴레에서 벗어난 사람은 한 사람도 없습니다.

그렇다면 허물과 죄로 영이 죽은 상태로 태어난 우리는 어떠한 모습으로 살았습니까? '마귀의 노예' 로 살았습니다.

"그 때에 너희는 그 가운데서 행하여 이 세상 풍조를 따르고 공중의 권세 잡은 자를 따랐으니 곧 지금 불순종의 아들들 가운데서 역사하는 영이라"(엡 2:2).

모든 사람이 태어날 때부터 허물과 죄로 영이 죽은 상태로 태어나서 마귀의 노예로 살아갑니다. 저주받은 삶을 살아가는 것입니다. 그래서 하나님을 떠난 인간의 삶 속에 그 심판으로 다가온 것이 바로 절망입니다. 죄와 사망입니다. 우리 인간의 힘으로는 이 절망의 굴레, 죄와 사망의 굴레를 벗어날 수가 없습니다.

요한복음 8장 44절은 우리가 마귀의 노예로 어떻게 살았는지를 설명합니다.

"너희는 너희 아비 마귀에게서 났으니 너희 아비의 욕심대로 너희도 행하고자 하느니라 그는 처음부터 살인한 자요 진리가 그 속에 없으므로 진리에 서지 못하고 거짓을 말할 때마다 제 것으로 말하나니 이는 그가 거짓말쟁이요 거짓의 아비가 되었음이라".

우리는 마귀의 노예로 살았습니다. 그런데 마귀는 본질적으로 거짓말쟁이기에 늘 우리를 속여서 우리 삶 가운데 온갖 불행을 갖다 주고, 우리를 병들게 하고, 가난과 저주 속에 살도록 이끌어 갔습니다.

이처럼 마귀의 노예로 살게 된 결과, 우리는 하나님의 심판을 받는 '진노의 자녀' 가 되었습니다. 심판의 대상이었습니다.

"전에는 우리도 다 그 가운데서 우리 육체의 욕심을 따라 지내며 육체와 마음의 원하는 것을 하여 다른 이와 같이 본질상 진노의 자녀이었더니"(엡 2:3).

우리가 하나님의 심판의 대상, 진노의 자녀가 된 것은 우리의 죄로 말미암은 것입니다. 그런데 사도 바울이 특별히 에베소 교회에 이 말을 한 것은 에베소라는 지역의 특징 때문입니다. 에베소는 당시 상업과 교통의 중심지로서 많은 사람들이 왕래하는 국제 무역 도시였습니다. 그런데 문제는 에베소에는 '아데미' 라고 하는 이방 여신을 섬기는 큰 신전이 있어서 많은 사람들이 그곳에서 우상 숭배를 하고 음란한 행위를 했다는 점입니다. 그 결과 에베소는 정신적으로나 도덕적으로 매우 타락한 도시가 되고 말았습니다. 에베소 사람들은 죄짓고 불의하고 방탕한 삶을 살았습니다. 그들은 죄에 익숙해졌고 죄에 길들여져 있었습니다.

우리의 옛 사람의 모습이 바로 그렇습니다. 죄에 길들여져 있고 죄에 익숙합니다. 죄가 얼마나 끈질기게 우리를 끌어당기는지 예수님을 믿고 나서도 우리는 이 죄성과 계속 싸워야 합니다. 우리가 육신을 입고 있는 동안, 우리의 호흡이 멈출 때까지 우리의 옛 사람은 끊임없이 아주 끈질기게 우리의 삶을 죄로 끌어가는 것입니다.

그래서 일찍이 부흥사였던 무디(D. L. Moody) 목사님은 "그리스도인의 일생은 갈등이다. 예수를 믿은 그날부터 옛 사람과 새 사람이 갈등한다."고 말했습니다. 이렇게 우리는 예수를 믿은 그날부터 하늘나라 갈 때까지 옛 사람과 새 사람의 영적 전쟁을 치르게 되는데, 성령으로 충만하게 되면 옛 사람이 우리

속에서 역사하지 못합니다.

하지만 우리가 기도하지 아니하고 말씀 읽지 아니하고 성령으로 충만하지 아니하면, 다시 옛 사람의 본성이 확 살아 올라와서 우리를 죄 가운데로 끌어갑니다. 마치 모세가 광야에서 손을 들고 기도하면 이스라엘이 이기고 손을 내리면 아말렉이 이겼던 것처럼 우리 속에서 영적 전쟁이 끊임없이 벌어지는 것입니다.

그러므로 우리는 늘 주님 앞에 기도의 손을 들어야 합니다. "주여! 나를 도와주옵소서. 주여! 나를 성령으로 충만케 하여 주옵소서. 주의 말씀으로 나를 새롭게 하여 주옵소서."라고 기도해야 합니다. 이렇게 늘 기도하여 말씀과 성령으로 충만한 삶을 살 때 우리는 넉넉히 싸워 이기는 승리의 삶을 살아갈 수 있습니다. 우리 예수 믿는 사람은 늘 성령으로 충만해야 합니다. 늘 기도에 힘써야 합니다. 늘 주의 말씀을 묵상해야 합니다.

우리 신앙생활에 있어서 근본적인 문제가 무엇입니까? 기도해야 되는 것을 알면서도 기도하지 않는 것입니다. 말씀을 묵상해야 되는 것을 알면서도 말씀을 읽지 않는 것입니다. TV 드라마를 볼 때에는 30분씩, 1시간씩 넋을 놓고 보면서도 정작 성경을 읽을 때에는 단 5분, 10분도 집중하지 못하는 것이 우리들의 현실입니다. 그래서 우리의 삶 속에 옛 사람이 강하게 역사하여 우리를 자꾸 죄 가운데로 끌어가는 것입니다. 우리의 옛 사람은 우리 생각을 주님이 기뻐하시지 않는 부끄러운 생각으로 가득하게 합니다. 우리의 말을 주님이 기뻐하시지 않는 말로 가득하게 합니다. 우리의 행동을 주님이 기뻐하시지 않는 행동으로 이끌어 갑니다.

우리 사회는 유감스럽게도 자꾸 술을 권합니다. 대학교에 입학하면 신입생 환영회 한다고 술을 먹이고, 직장에 들어가면 신입 사원 환영회 한다고 술을 먹이고, 그다음부터는 회식한다고 술을 먹입니다. 동창회라고 해도 막상 참석해 보면 주된 일이 술 먹는 일입니다. 그러니 친구 만나러 갔다가 술 먹는 자리에 합류하게 됩니다. 그러므로 우리나라는 이 음주 문화를 변화시켜야 합니다. 이러한 세상 문화는 우리를 옛 사람의 모습으로 되돌아가게끔 자꾸 끌어당기기 때문입니다.

우리 예수 믿는 사람은 처음부터 '나는 죄와 타협하지 않겠다. 나는 잘못된 세상 풍습을 따르지 않겠다. 내가 예수 믿고 새 사람이 되었으니 이제는 옛 사람의 모습을 벗어 버리고 하나님이 기뻐하시는 모습으로 살아가겠다.' 라고 단호하게 결단해야 합니다. 옛 사람의 모습을 날마다 십자가에 못 박아야 합니다.

사도 바울이 "나는 날마다 죽노라." 고 말한 이유도 이 때문입니다. 누가 죽는 것입니까? 우리의 옛 사람이 죽는 것입니다. 어디에서 죽습니까? 십자가에서 죽습니다. 날마다 우리의 옛 사람이 십자가에서 죽어야 하는 것입니다.

이스라엘 백성들이 여리고 성을 무너뜨린 다음에 그보다 훨씬 작은 아이 성을 공격했다가 패배하고 쫓겨난 이유가 무엇입니까? 여리고 성을 무너뜨릴 때 아간이라고 하는 사람이 그 성의 물건들을 하나님께 온전히 바치고 절대로 취하지 말라는 명령을 어기고 외투와 금과 은을 훔쳐서 감추었기 때문입니다.

이 아간의 범죄로 말미암아 이스라엘은 패배했습니다. 그래서 아간은 하나님의 심판을 받아서 자신뿐만 아니라 그의 온 가족이 돌에 맞아 죽게 되었고, 그곳이 '아골 골짜기' 가 되었습니다. 죄가 이렇게 무서운 것입니다. 죄가 한번 우리 속에 들어오면 이처럼 우리를 패배시키고 무서운 결과를 초래하여 종국에는 심판의 자리에까지 이끌어 갑니다. 그리하여 나뿐만 아니라 내 주위에 있는 사람들까지 나로 말미암아 피해를 입게 됩니다.

요나의 경우도 마찬가지입니다. 요나는 니느웨로 가라는

하나님의 말씀을 어기고 다시스로 가는 배에 올라탔습니다. 그 결과 함께 배에 탄 사람이 다 고생을 했습니다. 누구 때문입니까? 다 요 '나' 때문입니다. 문제는 항상 거기에 있습니다. 요 '나' 라고 하는 한 사람 때문에 주위 사람이 다 피해를 입을 수도 있고, 요 '나' 라고 하는 한 사람 때문에 주위 사람이 다 복을 받을 수도 있습니다.

우리가 성령으로 충만하여 주님 뜻대로 살아가면, 나로 인하여 온 가족이 복을 받게 되고, 온 캠퍼스가 복을 받게 되고, 온 직장이 복을 받게 되고, 온 사회가 복을 받게 되고, 우리가 가는 곳마다 복을 받게 됩니다. 신명기 28장의 말씀처럼, 우리가 성읍에 거하면 성읍이 복을 받고, 우리가 들에 거하면 들이 복을 받습니다. 들어와도 복을 받고 나가도 복을 받는 은혜가 임합니다.

그러나 나 한 사람이 범죄하면, 그로 말미암아 가정에 환난이 다가오고, 직장과 사업장에 풍파가 다가오며, 우리가 처한 이 사회에 고난의 비바람이 몰아칠 수 있습니다. 요나 때문에 그 배에 탄 사람이 다 고생을 했습니다. 아간 한 사람 때문에 온 가족이 다 죽었습니다.

그렇기 때문에 우리는 죄와 타협을 하면 안 됩니다. 죄와 싸워야 합니다. 마귀를 대적하고 물리쳐야 합니다. "나사렛 예수 이름으로 명하노니 흉악한 세력은 물러갈지어다. 악한 원수 마귀는 물러갈지어다."라고 쫓아내야 합니다. 성령으로 충만해서 대적해야 합니다. 예수님 안에서 위대한 승리자로 살아가야 합니다.

죄의 세력은 끈질깁니다. 내 안의 옛 사람은 좀처럼 죽지 않습니다. 그러나 "나는 승리자입니다. 성령으로, 말씀으로, 예수님의 이름으로, 예수님의 보혈의 능력으로 이미 승리했습니다."라고 날마다 승리를 선포할 때, 결국 마귀는 한 길로 왔다가 일곱 길로 물러갑니다. 영적 전쟁에서 결코 패배 의식을 갖지 마시기 바랍니다. 뒤로 물러서지 않고 끈질기게 버티어 이기고 또 이기는 승리자로 사시길 바랍니다.

2. 은혜로 얻은 구원

허물과 죄로 죽고 마귀의 노예가 되어 본질상 진노의 자녀였던 우리는 어떻게 구원을 받았습니까? '은혜' 로 구원을 받았습니다.

"허물로 죽은 우리를 그리스도와 함께 살리셨고 (너희는 은혜로 구원을 받은 것이라)"(엡 2:5).

우리의 구원은 '은혜로 얻은 구원' 입니다. 유사 이래 죄의 문제를 해결한 종교가 없었습니다. 인류 역사 가운데 죄의 문제를 해결한 종교 지도자도 없고 철학자도 없었습니다. 그들이 발견해 낸 것은 인간이 죄 덩어리라는 것뿐이고 인간이 절망이라는 것뿐이지 문제의 해결책을 찾아내지는 못했습니다. 위대한 철학자 키에르케고르(S. A. Kierkegaard)는 우리에게 '죽음에 이르는 병' 이 있는데 이는 '절망' 이라고 했습니다. 그는 인간이라는 존재가 가진 근본적인 문제가 절망이라는 것을 알아냈지만 그 절망을 해결하는 비결을 찾지는 못했습니다.

그런데 예수님이 오셔서 죄와 절망을 십자가에서 못 박아 버리고 우리를 새롭게 변화시켜서 하나님의 자녀로 만들어 주셨습니다. 이것을 가리켜서 '은혜' 라고 합니다. 하나님께서 값없이 주셨기 때문입니다. 우리는 그 은혜로 말미암아 구원받고 하나님의 자녀가 되었습니다. 여기에 기독교의 위대성, 기독교의 유일성이 있습니다. 다른 어떤 종교도 죄의 문제를 해결하지 못했고, 우리에게 구원을 갖다 주지 못했는데 예수 그리스도만이 우리의 구세주가 되어서 우리의 구원의 문이 되시고 구원의 길이 되시고 우리에게 영생을 주셨기 때문입니다.

그렇다면 이 놀라운 구원의 기초요, 본질은 무엇입니까? 그것은 **'하나님의 사랑'** 입니다. 긍휼이 풍성하신 하나님의 사랑으로 우리가 구원을 받은 것입니다.

"긍휼이 풍성하신 하나님이 우리를 사랑하신 그 큰 사랑을 인하여"(엡 2:4).

'긍휼' 이란 말의 원뜻은 '그 사람을 불쌍히 여기고 동정하는 것', 그리고 더 나아가서 '구제하는 것' 입니다. 그러니까 '하나님이 우리를 긍휼히 여기신다.' 고 할 때, 이 말에는 '하나님께서 우리를 불쌍히 여기실 뿐만 아니라, 우리가 어디로 가든지 실제적으로 건져 주시고 구해 주신다.' 는 의미가 다 들어 있습니다.

여러분, 사람에게 인정받지 못해도 이처럼 하나님께 인정받으면 만사형통합니다. 그런데 하나님께 인정받는 지름길이 주님 앞에 불쌍히 여김을 받는 것입니다. "주님, 나를 불쌍히 여겨 주옵소서. 주님, 나를 긍휼히 여겨 주옵소서."라고 눈물로 부르짖을 때 기적이 일어납니다. 하나님의 축복이 다가옵니다.

성경을 보십시오. 주님 앞에 나와서 "주님, 나를 불쌍히 여겨 주옵소서."라고 부르짖은 사람 치고 하나님의 기적을 체험하지 않은 사람이 한 사람도 없습니다.

마가복음 10장을 보면, 앞을 보지 못하는 맹인 바디매오는 "다윗의 자손 예수여, 나를 불쌍히 여기소서!"라고 예수님께 간절히 부르짖었습니다. 그때 예수님께서 "그를 부르라."고 하신 후 "네게 무엇을 하여 주기를 원하느냐?"라고 물으셨습니다. 그가 "보기를 원하나이다."라고 대답하자, 예수님께서는 "네 믿음이 너를 구원하였느니라."고 하셨고, 바디매오는 그 순간 눈을 뜨게 되었습니다.

이처럼 우리가 주님 앞에 불쌍히 여겨 달라고 부르짖어 기도할 때, 주님께서는 결코 우리를 외면하지 않으시고 우리를 긍휼히 여기시사 우리의 모든 문제를 해결해 주십니다. 그래서 하나님은 긍휼이 무한하신 하나님이신 것입니다. 그 긍휼로 우리에게 구원의 은혜를 베푸셨기 때문에, 하나님은 은혜가 무한하신 하나님, 사랑이 무한하신 하나님이십니다.

이렇게 우리 하나님의 성품은 긍휼과 은혜와 사랑이 어우러져 있습니다. 이 세 가지는 나뉠 수 없습니다. 긍휼이 무한하시고 은혜가 무한하시고 사랑이 풍성하신 하나님! 그렇기 때문에 우리는 날마다 "긍휼이 무한하신 하나님, 감사합니다. 사랑이 무한하신 하나님, 감사합니다. 은혜가 풍성하신 하나님, 감사합니다."라고 기도하는 것입니다.

요한일서 4장 10절을 보면 아주 놀라운 말씀이 있습니다.

"사랑은 여기 있으니 우리가 하나님을 사랑한 것이 아니요 하나님이 우리를 사랑하사 우리 죄를 속하기 위하여 화목 제물로 그 아들을 보내셨음이라".

우리가 하나님을 사랑한 것이 아니고 하나님이 우리를 사랑하셨습니다.

그러므로 우리는 감사하지 않으면 안 됩니다. 우리의 삶이 감사 덩어리가 되어야 합니다. 입에서 불평을 늘어놓는 순간 우리는 은혜를 쏟고 있는 것입니다. 우리 예수 믿는 사람은 옛 사람의 모습을 따라서 원망이나 불평을 하면 안 됩니다. 첫째도 감사, 둘째도 감사, 마지막도 감사해야 합니다.

우리의 감사는 **'절대 감사'**, **'무조건 감사'**, **'한평생 감사'**, 이와 같은 3대 감사가 되어야 합니다.

우리는 절대 감사해야 합니다. 나 같은 죄인이 구원받아 하나님의 자녀가 되었는데, 이 놀라운 일에 대해서 우리가 절대 감사해야지 거기에 무슨 이유가 있겠습니까? 감사에는 타협이 없습니다. 우리는 절대 감사해야 합니다.

우리는 무조건 감사해야 합니다. 잘되면 잘되어서 감사하고, 잘못되면 잘못되는 것을 통해 하나님께서 나를 깨뜨리고 훈련시켜서 결국은 잘되게 해 주실 것이기 때문에 감사해야 합니다. **"하나님을 사랑하는 자 곧 그의 뜻대로 부르심을 입은 자들에게는 모든 것이 합력하여 선을 이루느니라"**(롬 8:28)는 말씀을 믿기 때문입니다. 좋으신 하나님, 신실하신 하나님을 믿기 때문입니다. 그래서 우리는 범사에 감사하는 무조건 감사를 해야 합니다(살전 5:18).

우리는 한평생 감사해야 합니다. 진정한 감사는 일시적인 감사가 아닙니다. 우리는 이 세상에 사는 동안 한평생 감사하다가 하늘나라에 가서도 영원히 하나님께 감사할 것입니다. 이렇듯 절대 감사, 무조건 감사, 한평생 감사를 드리는 여러분이 되시기를 바랍니다.

여러분, 하나님께서 그의 사랑을 우리에게 베푸신 방법, 즉 '구원의 길' 은 무엇입니까? 그 구원의 길은 바로 예수 그리스도입니다.

"허물로 죽은 우리를 그리스도와 함께 살리셨고 (너희는 은혜로 구원을 받은 것이라)"(엡 2:5).

구원의 길은 단 하나입니다. 다른 길이 없습니다. 예수 그리스도 외에는 구원의 길이 없습니다.

이 구원의 신비 가운데 하나는 '**예수님과 하나 된다**' 는 것입니다. 구원은 예수님과 하나 되는 것입니다. 이는 매우 중요한 진리입니다. 우리가 구원의 확신이 없이 흔들리는 것은 주님과 하나 됨을 깨닫지 못했기 때문입니다. 우리는 예수를 믿는 순간 주님과 하나 되었습니다. 예수님이 내 마음 가운데 들어오셔서 내 삶의 주인이 되셨습니다. 그것을 구원받았다고 말하는 것입니다.

찬송가 중에서도 "주 예수 내 맘에 들어와 계신 후 변하여 새 사람 되고"(찬송가 208장)라는 가사가 있지 않습니까? 주님이 내 마음에 들어오셔서 내가 새 사람이 되었다는 것입니다. 우리는 예수를 믿음으로 '내가 그리스도 안에, 그리스도가 내 안에 거하시는' 놀라운 은혜 속에 거하게 되었습니다. 이렇게 예수님이 내 마음에 들어오셔서 예수님과 내가 하나가 되니 '예수 죽음 내 죽음, 예수 부활 내 부활, 예수 승천 내 승천' 이 되는 것입니다.

우리는 일찍이 이성봉 목사님이 찬송하신 대로 "아침에도 예수로 눈을 뜨게 하시고 저녁에도 예수로 잠을 자게 하소서. 예수님, 내 주여! 내 중심에 옵소서. 주님 한 분만으로 만족하옵니다."라는 고백을 할 수 있게 되었습니다. 주님과 영원토록 동행하게 되었습니다.

예수님이 내 마음 가운데 들어와 계신데도 불구하고, 때때로 우리가 이것을 잊어버리고 옛 사람을 따라 살면서 죄를 지을 때가 있습니다. 그렇기 때문에 우리는 늘 영적으로 깨어 있어야 합니다. 성경은 다음과 같이 말씀합니다.

"근신하라 깨어라 너희 대적 마귀가 우는 사자 같이 두루 다니며 삼킬 자를 찾나니"(벧전 5:8).

"그러므로 우리는 다른 이들과 같이 자지 말고 오직 깨어 정신을 차릴지라"(살전 5:6).

절대로 영적으로 잠들지 말고 늘 깨어 있어서 내가 주님과 하나라는 사실을 잊지 말아야 합니다.

주님과 나는 하나입니다. 그렇기 때문에 나는 '작은 예수'가 되는 것입니다. 예수님이 내 마음 가운데 와 계시니 마음대로 성질을 낼 수가 있겠습니까? 우리 마음에 예수님이 계신데 예수님을 믿는 사람끼리 싸우면 되겠습니까?

예수님을 마음에 모신 사람은 부부 싸움도 평생 못하게 되었습니다. 남편 마음속에도 예수님이 계시고 아내 마음속에도 예수님이 계신데, 이 작은 예수끼리 싸우면 우리 주님이 얼마나 슬퍼하시겠습니까? 그러니 욱하고 하루에도 몇 번씩 성질을 내시는 분들도 이제 성질을 못 내게 되었습니다.

우리는 예수님이 기뻐하시는 삶을 살아야 합니다. 혈기가 많은 사람은 혈기를 다스려야 합니다. 왜 그렇습니까? 이것은 옛 사람의 모습이기 때문입니다. 혈기 많은 것이 절대로 하나님의 의를 이루지 못합니다. 성경은 다음과 같이 말씀합니다.

"사람이 성내는 것이 하나님의 의를 이루지 못함이라"(약 1:20).

"분을 내어도 죄를 짓지 말며 해가 지도록 분을 품지 말고"(엡 4:26).

그러므로 우리는 때로 화가 나더라도 해가 지도록 분을 품지 말아야 합니다. 화가 나서 혈기를 다스리지 못하고 계속 마음에 분을 품고 살면 오래 살지도 못합니다. 이를 다 내려놓아야 합니다. 우리 마음의 미움도 내려놓고, 분노도 내려놓고, 상처도 내려놓고, 인간적인 모든 연약함을 다 내려놓아야 합니다. 그렇게 해야 주님과 하나 될 수 있습니다.

우리가 이렇게 내 자아를 죽이고 주님과 하나 되었을 때, 우리는 영적으로 예수님과 함께 '하늘나라 보좌 옆' 에 있게 됩니다. 본문 6절은 다음과 같이 말씀합니다.

"또 함께 일으키사 그리스도 예수 안에서 함께 하늘에 앉히

시니".

주님께서 우리를 영적으로 주님과 같이 부활하게 하셔서 하나님 보좌 우편에 앉아 있게 만들어 주신다는 말씀입니다. 예수님과 내가 하나라는 의미 속에서 우리가 영적으로 하늘나라에 있다는 것입니다.

그러므로 우리의 본향은 저 천국입니다. 주님께서 우리의 본향에 우리가 거할 집을 마련해 놓으셨습니다. 맨션(mansion), 즉 큰 저택들을 마련해 놓으셨습니다. 모두 다 예수 잘 믿고 천국 가서 그 저택에 거하는 은혜를 누리게 되시기를 소원합니다.

이 놀라운 은혜를 체험하게 되는 구원에는 조건이 있습니다. 그것이 바로 '믿음' 입니다. 우리 기독교만이 갖고 있는 위대함이 여기에 있습니다. 본문 8절은 다음과 같이 말씀합니다.

"너희는 그 은혜에 의하여 믿음으로 말미암아 구원을 받았으니 이것은 너희에게서 난 것이 아니요 하나님의 선물이라".

여기서 중요한 것은 우리가 '믿음으로 구원받았다' 는 사실입니다.

많은 사람들이 행위를 통하여 무언가 만족함을 얻으려고 합니다. 어떤 분은 15년 동안 누워서 자지 않고 앉아서 잤다고 합니다. 얼마나 힘들었겠습니까? 이는 행위를 통해서 무언가를 깨달으려고 하는 것입니다. 하루에도 몇 번씩 눕고 싶은 게 우리 육체인데, 15년 동안 앉아서 참선을 하고 앉아서 잠을 잤다니 대단합니다. 그러나 그분은 죽기 전에 "나는 지옥에 간다."는 말을 남겼습니다.

이처럼 사람들은 행위를 통해서 구원을 얻으려고 합니다. 인도에 가면 지금도 행위를 통해서 구원을 얻으려고 하는 사람들이 많이 있습니다. 그 행위 때문에 그들의 삶이 얼마나 힘들고 고달프고 어려운지 모릅니다. 그러나 우리가 분명히 알아야 할 것은 행위가 우리를 구원하지 못한다는 것입니다. 오직 믿음이 우리를 구원하는 것입니다. 구원은 어떠한 행위도 요구하지 않습니다. 믿기만 하면 은혜로 구원을 얻는 것입니다.

영국의 빅토리아 여왕의 아버지 켄트(Kent) 공작은 독실한 크리스천이었습니다. 그가 세상을 떠나기 전에 의사는 그를 위로하기 위해서 "공작님은 이렇게 훌륭한 업적을 많이 남겼기 때문에 죽음 이후의 세계가 확실히 보장되어 있을 것입니다."라고 말했습니다. 그러자 켄트 공작은 다음과 같이 단호히 말했습니다.

"내가 구원받는 것은 공작이라고 하는 나의 직분이나 어떠한 공적 때문이 아니라네. 죄인 된 내가 예수를 믿었기 때문이라네."

우리는 우리의 공적이나 선행으로 구원받은 것이 아니라 믿음으로 구원받은 것입니다. 많은 사람들이 행위를 갖고 구원받으려고 합니다. 지금도 예수 믿는 사람들 중에 행위에 매인 분들이 있습니다.

그러나 분명히 알아야 할 것은, 행위가 우리를 구원으로 이끄는 것이 아니고, 이미 구원받은 우리가 주님의 은혜에 너무나 감사해서 우리 삶에 행위의 열매를 맺는다는 것입니다. 순서가 바뀌면 큰일 납니다. 믿고 구원받는 것이 먼저 되고 그다음에 행위가 뒤따르는 것입니다. 구원받은 후에 우리 삶의 열매가 따라가야 하는 것입니다.

기차는 앞에 기관차만 있어도 갑니다. 그런데 기차 뒤에 객차들을 다는 것은 그 객차에 사람들을 태우고 가기 위해서입니다. 마찬가지로 믿음만 있어도 천국 가는데 뒤에 행위가 따르는 것은 하늘나라의 상급이 있기 때문입니다. 여러분은 객차 없이 기관차만 있는 기차가 되지 말고, 뒤에 많은 사람들을 태우고 많은 열매를 맺음으로 하늘나라에서 큰 상급을 받으시기 바랍니다.

예수 믿는 사람들은 늘 구원의 은혜에 대한 감격이 있어야 합니다. 그런데 구원의 감격이 언제 우리에게 넘쳐 납니까? 성령으로 충만할 때입니다. 성령 충만 하면 주님의 은혜가 너무 감사해서 평생 흘리지도 않던 눈물을 흘리게 됩니다. 성령 충만 하면 감사의 고백이 그 입술에서 저절로 나옵니다.

요즈음 이상한 이단들이 많습니다. 어떤 이단은 "당신 구원 받았습니까? 언제, 몇 월 며칠 몇 시에 구원받았습니까?"라고 물으며 우리를 흔들어 봅니다. 이럴 때는 속으로 '사탄아, 물러가라.' 고 말하며 아예 상종하지 말아야 합니다. "잘 모르겠는데요."라고 대답하면 안 됩니다. 그러면 끌려 다니게 됩니다.

또 어떤 이단은 문을 두드리면서 "진리를 함께 연구하실까요?"라고 말합니다. 이때에도 속으로 '사탄아, 물러가라.' 고 말하며 단호히 물리쳐야 합니다. "그래요? 한번 연구해 봅시다."라고 집에 들이면 안 됩니다.

마귀는 속이는 자요, 거짓말쟁이입니다. 즉, 속은 이리인데 겉에 양의 탈을 쓰고 왔다는 말입니다. 웃으면서 말하지만 속은 정반대입니다. 그러므로 함께 대화를 하면 절대로 안 됩니다. 도둑이 들어오는데, "도둑이야!" 하고 쫓아내 버려야지 "왜 오셨습니까? 뭘 훔치러 오셨습니까? 우리 대화 좀 해 봅시다."라고 말하는 사람이 있습니까? 마찬가지로 영적 도둑들이 들어오는데 그들에게 “우리 대화 좀 해 봅시다.” 라고 대화를 시도하면 되겠습니까? 영적 도둑인 이단사설이 우리를 유혹할 때에는 이를 단호히 물리쳐야 합니다.

이단은 묘하게 틈타 들어오는데, 제일 먼저 흔드는 것이 **‘구원의 확신’** 입니다. 이들은 “진짜 구원받았습니까? 당신 마음에 기쁨과 평안함이 있습니까?” 라며 밀고 들어옵니다. 예수님의 십자가 보혈로 내가 구원받았다는 것을 흔드는 것입니다. 그러므로 우리는 늘 십자가 은혜와 주님의 사랑으로 충만해야 합니다. 늘 영적으로 깨어 있어 기도해야 합니다. 말씀의 능력으로 무장하고 성령의 충만함을 받아야 합니다. 그리하여 흔들리지 않는 구원의 확신 위에 서야 합니다.

사랑하는 여러분, 우리는 죄와 허물로 죽은 자였으며 마귀의 노예였고 진노의 자녀였지만, 하나님의 은혜로 말미암아 예수 그리스도의 십자가 대속을 통해 믿음으로 하나님의 자녀가 되었습니다. 그러므로 결코 흔들리지 않는 구원의 확신 위에 서서 일생 다 가도록 구원의 은혜에 감사하며 하나님께 영광 돌리는 삶을 사시기를 주님의 이름으로 축원합니다.

넷째 광주리

십자가의 축복, 화목 제물이 되신 예수

*

"너희도 성령 안에서 하나님이 거하실 처소가 되기 위하여
그리스도 예수 안에서 함께 지어져 가느니라"
(엡 2:22)

엡 2:11-22

EPHESIANS

그러므로 생각하라 너희는 그 때에 육체로는 이방인이요 손으로 육체에 행한 할례를 받은 무리라 칭하는 자들로부터 할례를 받지 않은 무리라 칭함을 받는 자들이라 그 때에 너희는 그리스도 밖에 있었고 이스라엘 나라 밖의 사람이라 약속의 언약들에 대하여는 외인이요 세상에서 소망이 없고 하나님도 없는 자이더니 이제는 전에 멀리 있던 너희가 그리스도 예수 안에서 그리스도의 피로 가까워졌느니라 그는 우리의 화평이신지라 둘로 하나를 만드사 원수 된 것 곧 중간에 막힌 담을 자기 육체로 허시고 법조문으로 된 계명의 율법을 폐하셨으니 이는 이 둘로 자기 안에서 한 새 사람을 지어 화평하게 하시고 또 십자가로 이 둘을 한 몸으로 하나님과 화목하게 하려 하심이라 원수 된 것을 십자가로 소멸하시고 또 오셔서 먼 데 있는 너희에게 평안을 전하시고 가까운 데 있는 자들에게 평안을 전하셨으니 이는 그로 말미암아 우리 둘이 한 성령 안에서 아버지께 나아감을 얻게 하려 하심이라 그러므로 이제부터 너희는 외인도 아니요 나그네도 아니요 오직 성도들과 동일한 시민이요 하나님의 권속이라 너희는 사도들과 선지자들의 터 위에 세우심을 입은 자라 그리스도 예수께서 친히 모퉁잇돌이 되셨느니라 그의 안에서 건물마다 서로 연결하여 주 안에서 성전이 되어 가고 너희도 성령 안에서 하나님이 거하실 처소가 되기 위하여 그리스도 예수 안에서 함께 지어져 가느니라 어느 민족이나 자기 민족에 대한 민족적 자부심, 민족적 우월감이 있습니다. 그중에서도 특히 유대인들은 민족적 자부심이 아주 강했습니다. 그들은 '우리는 하나님의 택한 백성이다.' 라는 선민(選民) 사상을 가지고 있었기에 이방 사람들을 아주 열등하게 여겼습니다.

성경을 보면 유대인들은 사마리아 사람들까지도 무시하여 사람 취급을 하지 않았습니다. 원래 사마리아 사람들은 북이스라엘의 후손으로서 유대인들과 같은 민족이었습니다. 그런데 그들이 우상 숭배를 해서 먼저 심판을 받았고 이방 족속과 혼혈 관계를 이루었다는 이유로 유대인들은 사마리아 사람과는 대화도 하지 않았고 사람 취급조차 하지 않았습니다. 그러니 이방 사람들에 대해서는 더할 나위가 없었습니다. 그런데 중요한 것은 이러한 유대인과 이방인의 차별이 예수 그리스도 안에서 없어졌다는 사실입니다.

세상 사람들은 각자 자신의 기준을 갖고 사람을 차별하는 경우가 많습니다. 예를 들면 많이 배운 사람은 배우지 못한 사람을 업신여기는 경향이 있습니다. 말은 안 해도 마음속으로 업신여깁니다. 돈을 많이 가진 사람은 돈이 없는 사람을 업신여기는 경향이 있습니다. 역시 말은 하지 않지만 그 마음속에 스스로 우월감을 갖고 있습니다. 높은 지위에 있는 사람 역시 낮은 지위에 있는 사람을 멸시하고 업신여기는 경향이 있습니다.

그러나 예수 그리스도 안에서 한가족이 된 우리는 이러한 차별을 해서는 안 됩니다. 지식, 재산, 지위로 사람을 판단하고 차별해서는 안 됩니다. 많이 배웠든지 못 배웠든지, 많이 가졌든지 많이 갖지 못했든지, 지위가 높든지 낮든지, 그 마음속에 예수님이 계시면 다 하나님 안에서 동일한 형제자매입니다. 이것을 잊지 마시기 바랍니다.

우리가 예수 믿고 나서도 제일 버리지 못하는 부분이 우월의식인 것 같습니다. 그래서 예수님께서 십자가에서 돌아가시기 전에 마지막으로 제자들에게 가르쳐 주신 교훈이 '섬김' 입니다. 이것을 '서번트 리더십' (servent leadership), **'섬김의 리더십'** 이라고 말합니다. 우리가 은혜 받고 나서 달라져야 하는 것이 바로 이 섬김의 리더십, 종의 리더십입니다. "나 같은 죄인이 구원받아 하나님 자녀가 되었으니 이제는 섬기기 원합니다." 이것이 예수 믿고 변화된 사람의 자세입니다.

은혜 받은 남편이 아내를 섬기고 아내가 남편을 섬기면 가정이 화목해집니다. 자녀가 부모를 섬기고 부모가 자녀를 섬기면 집안이 화목해집니다. 교회에서도 먼저 믿은 사람이 나중 믿은 사람을 섬기면 교회에 아름다운 은혜의 영향력이 확산되면서 부흥하는 역사가 나타나게 됩니다. 이처럼 우리 예수를 믿는 사람들이 일생 힘써 지켜야 할 것이 섬김의 본을 보이는 것입니다.

1. 화목의 근거, 예수 그리스도의 피

사람들 간에 차별이 사라지고 서로 섬기게 되는 놀라운 은혜는 '하나님과의 화목' 에서 출발합니다. 그렇다면 이 화목의 근거는 무엇입니까? '그리스도의 피' 입니다. 본문 13절에서는 다음과 같이 말씀합니다.

"이제는 전에 멀리 있던 너희가 그리스도 예수 안에서 그리스도의 피로 가까워졌느니라".

'멀리 있던 너희' 라는 표현은 이방 사람들이 죄와 허물로 인해 하나님과 멀리 떨어져 있었다는 말입니다. 그런데 이들이 예수 그리스도 안에서 예수의 보혈로 구원받게 되고 하나님과 가까워지게 된 것입니다. 옛날에 이방 사람들에게 있어서 구원이란 너무도 먼 것이었습니다. 특별히 하나님께서 이스라엘 백성을 택해서 하나님 백성으로 삼으시고 먼저 그들에게 구원의 역사를 베푸셨기 때문에 이방 사람들은 그 구원의 반열에 들지 못했습니다.

그런데 하나님께서 예수 그리스도를 이 땅에 보내 주심으로 말미암아 구원의 문이 활짝 열렸습니다. 그리하여 누구든지 예수를 믿기만 하면 하나님과 화목하여 가까워질 수 있게 되었습니다.

2. 화목의 장소

'화목' 은 하나님과 나와의 관계 회복을 말합니다. 우리는 예수님의 보혈로 말미암아 죄 사함 받고 하나님과 가까워지게 되었는데, 그 화목이 이루어진 장소가 바로 **'예수님의 십자가'** 입니다.

본문 16절에서는 다음과 같이 말씀합니다.

"또 십자가로 이 둘을 한 몸으로 하나님과 화목하게 하려 하심이라 원수 된 것을 십자가로 소멸하시고".

'이 둘' 이란 이방인과 유대인을 말합니다. 즉, 십자가로 이방인과 유대인이 한 몸으로 하나님과 화목하게 되었다는 것입니다. 이처럼 이방인과 유대인이 예수의 피로 죄 사함 받고 하나가 되어 하나님과의 관계가 회복됨으로 말미암아 이제 하나님의 자녀로서 복된 삶을 살아가게 되었습니다.

성경을 보면 예수님께서 십자가에서 "다 이루었다." 고 말씀하셨을 때 성소의 휘장이 위로부터 아래까지 쫙 찢어져 내렸습니다(마 27:50-51; 요 19:30). 이 휘장은 두께가 약 15㎝ 정도로 양옆에서 황소가 잡아끌어도 절대로 찢어지지 않는 아주 두껍고 질긴 천입니다. 이 휘장이 성소와 지성소 사이를 가로막고 있어서 아무나 그 휘장을 통과하지 못합니다. 죄지은 사람이 휘장을 통과하면 다 죽습니다. 휘장을 통과하여 지성소로 들어갈 수 있는 사람은 대제사장뿐이고, 그 역시 1년에 한 번만 들어갈 수 있습니다. 이 휘장은 하나님과 인간 사이에 죄로 인해 가로막힌 담을 의미합니다.

그런데 예수님께서 십자가에서 "다 이루었다."고 하실 때 그 두꺼운 휘장이 위로부터 아래까지 쫙 찢어져 내렸습니다. 길이가 60피트(18m) 되는 휘장이 위로부터 아래까지 쫙 갈라진 것입니다. 죄로 인해 하나님과 인간 사이에 막혀 있던 담이 허물어진 것입니다. 십자가에서 구원의 문이 열린 것입니다. 그러므로 예수를 믿는 사람들이 일생토록 자랑해야 될 것이 예수님의 십자가입니다.

교회에 하나님의 은혜가 있느냐 없느냐를 구별하는 가장 핵심이 되는 척도는 '십자가' 입니다. '십자가가 얼마나 강조되고 있느냐, 구원의 은혜가 얼마나 강조되고 있느냐?' 가 은혜의 유무를 알 수 있는 좋은 기준입니다. 만약에 예배 전체에 십자가 얘기가 전혀 없고 세상의 정치 얘기나 시사 얘기만 나온다면 문제가 있는 것입니다. 강단에서는 예수님의 십자가만 증거되어야 합니다. 우리의 유일한 자랑거리가 예수님의 십자가이기 때문입니다.

사도 바울이 예수님을 만나고 난 후 다음과 같은 고백을 한 것도 그러한 이유에서입니다.

"내가 너희 중에서 예수 그리스도와 그가 십자가에 못 박히신 것 외에는 아무 것도 알지 아니하기로 작정하였음이라"(고전 2:2).

예수님을 믿는 사람들은 예수님을 자랑하고 예수님의 십자가를 자랑해야 합니다. 자기를 자랑하고 자기 재물을 자랑하고 자기 가문을 자랑하고 자기 학력을 자랑하고 자기의 지위를 자랑한다면, 그것은 부끄러운 모습입니다. 자꾸 자기를 알아 달라고 하면 안 됩니다. 여러분 삶의 유일한 자랑이 십자가가 되시기를 바랍니다. 하늘나라 갈 때까지 십자가를 붙잡고 믿음으로 나아가게 되시기를 바랍니다.

예수님의 십자가에 위대한 능력이 있습니다. 예수님의 십자가 보혈로 죄 사함을 받습니다. 예수님의 십자가 능력으로 마귀를 쫓아냅니다. 예수님의 십자가 보혈로 우리의 모든 죄를 사함 받고 병을 고침 받습니다. 십자가의 능력으로 영혼이 잘됨같이 범사에 잘되며 강건하게 되는 삼중축복의 은혜가 임하게 됩니다. 그렇기 때문에 예수를 믿는 사람들은 어디를 가든지 십자가를 자랑해야 합니다.

이런 이야기가 있습니다. 천국 문 앞에 베드로가 지키고 서 있다가 들어오는 사람에게 "당신은 어떻게 여기까지 왔습니까?"라고 묻는다고 합니다. 이때 "열심히 주님 일을 많이 하다 보니 여기까지 왔습니다."라고 대답하면 문을 안 열어 준다고 합니다. 마찬가지로 "제가 큰 업적을 많이 남기다 보니 여기까지 왔습니다.", "제가 많은 물질로 봉사하다 보니 여기까지 왔습니다.", "제가 많은 일을 하고 사람들에게 칭찬을 많이 받다 보니 여기까지 왔습니다."라고 대답하면 문을 안 열어 준다고 합니다. 오직 "예수님의 십자가 보혈로 여기까지 왔습니다."라고 대답하는 사람에게만 "얼른 들어오십시오. 예수님의 십자가 보혈로 구원받았으니 들어오셔야지요."라며 문을 열어 준다고 합니다. 물론 천국 문 앞에 베드로가 서 있는지 여부는 가 보아야 알 것입니다. 이 이야기에서 중요한 것은 인간의 자랑거리로 천국을 가는 것이 아니라 예수님의 십자가 보혈로 천국을 가게 된다는 점입니다.

잊지 마십시오. 우리의 유일한 자랑거리, 유일한 화목의 근거, 화목의 장소, 그것은 바로 예수님의 십자가입니다.

3. 화목의 결과

하나님과 화목하게 된 결과로 우리에게 어떠한 열매가 맺히게 됩니까?

첫째로, 화목의 결과로 우리에게 다가온 것은 '평안' 입니다.

"또 오셔서 먼 데 있는 너희에게 평안을 전하시고 가까운 데 있는 자들에게 평안을 전하셨으니"(엡 2:17).

예수님의 십자가를 통해서 우리에게 주신 것이 마음의 평안입니다.

주님의 사랑이 우리 가운데 강물처럼 넘쳐 나면 마음이 평안하게 됩니다. 누가 뭐라고 해도 마음이 평안합니다. 이러한 평안을 누리지 못하는 사람들은 조그만 일에도 마음이 부글부글 끓어오릅니다. 그래서 참지 못하고 소리를 지르고 화를 냅니다.

사람들이 자기 성격을 못 이기고 소리를 지르며 험한 말을 하고 부끄러운 모습으로 사는 이유는 마음이 평안하지 않기 때문입니다. 그러므로 누가 그렇게 화를 내면 '아, 저 사람 마음이 평안하지 못해서 그렇구나.' 라고 생각하십시오. 남편이 화를 내면 '아, 이 사람 마음이 평안하지 않구나.' 생각하고 기도해 주십시오. 마찬가지로 부인이 신경질을 내면 '뭔가가 평안하지 않구나.', 자녀들이 화를 내면 '아, 뭐가 편하지 않구나.' 라고 생각하고 기도해 주십시오. 은혜 받고 나면 마음이 평안해지게 되어 있습니다.

사실 우리가 평안하지 않은 이유를 찾으면 그 이유가 너무 많습니다. 속상할 일이 얼마나 많습니까? 사업을 하는 사람들은 아침부터 저녁까지 사업 때문에 늘 신경 씁니다. 학생들은 입만 열면 "공부해!"라고 하는 어머니 잔소리 때문에 공부 안 하는 세상에 살고 싶다고 합니다. 다들 스트레스를 아주 많이 받습니다.

하지만 예수님이 내 마음 가운데 계시면 마음이 늘 평안합니다. 그러므로 예수님을 모신 여러분은 마음이 평안해야 합니다. 평안해야 밥을 먹어도 소화가 잘되고, 평안해야 사람들을 만날 때 기쁨을 줄 수 있고, 평안해야 주님 위해서 봉사할 때도 감사함으로 봉사할 수 있습니다. 평안하지 않으면 혈기가 올라와서 봉사를 할 수 없습니다. 그러면 사람들이 벌써 알아보고 "저 사람, 오늘 집에서 부부 싸움 하고 왔나 봐."라고 말합니다.

식당에 가 봐도 평안하지 않은 사람은 금방 눈에 드러납니다. 어떤 종업원들은 식탁에 컵을 내려놓을 때 탁 소리가 나도록 놓습니다. 주문을 받을 때도 불편한 표정으로 "뭐 주문하시겠어요?" 하고 퉁명스럽게 묻습니다. 그래서 손님이 종업원의 눈치를 보고 머뭇거리면 "이따 올게요!" 하고 휙 가 버립니다. 그러니 손님들은 식당 종업원들을 보면서 '저 사람, 마음이 평안한가?' 하며 눈치를 살피게 됩니다.

성경은 **"모든 지킬 만한 것 중에 더욱 네 마음을 지키라 생명의 근원이 이에서 남이니라"**(잠 4:23)고 말씀합니다. 이렇듯 마음을 지켜야 합니다. 마음이 불안하면 아무것도 안 됩니다.

둘째로, 화목의 결과로 우리에게 다가온 것은 '성령 안에서 하나 되어 하나님께 나아가는 것' 입니다.

"이는 그로 말미암아 우리 둘이 한 성령 안에서 아버지께 나아감을 얻게 하려 하심이라"(엡 2:18).

'우리 둘' , 즉 이방인과 유대인들이 '하나' 가 되어서 하나님께 나아가게 되었습니다. 이방인과 유대인들 사이에 더 이상 차별이 없어졌습니다. 옛날 유대 사람들은 이방 사람들을 보면 고개를 돌리고 같이 앉아서 식사도 안 했습니다. 유대인이 이방 사람과 식사를 하면 "당신, 왜 이방인과 식사하느냐?" 며 따졌습니다. 그러나 이제 이러한 차별이 없어졌습니다.

미국의 16대 대통령인 링컨(Abraham Lincoln) 대통령의 가장 큰 업적이 흑백 차별을 없앤 것입니다. 그러나 지금도 백인 우월의식을 갖고 있는 분들이 있습니다. 알게 모르게 이러한 갈등들이 남아 있습니다. 그런데 하나님께서 그 장벽을 완전히 무너뜨리려고 이번에 흑인인 '오바마' (Barak H. Obama)라는 인물을 미국 대통령으로 세우셨습니다. 중요한 것은 피부가 검든지 하얗든지 아니면 우리처럼 노랗든지, 이런 것이 아닙니다. 그 마음에 예수님이 계시면 우리는 하나라는 사실입니다.

셋째로, 화목의 결과로 우리에게 다가온 것은 우리가 **'하나님의 가족**이요, **천국 시민**이 되었다' 는 것입니다.

"그러므로 이제부터 너희는 외인도 아니요 나그네도 아니요 오직 성도들과 동일한 시민이요 하나님의 권속이라"(엡 2:19).

이제 우리는 모든 성도들과 동일한 천국 시민입니다.

지금은 미국과 우리나라가 비자 면제 협정이 체결되어서 미국을 마음대로 갈 수 있지만 옛날에는 미국 가기가 무척 힘들었습니다. 새벽부터 대사관 앞에 길게 줄을 서야 했습니다. 게다가 문 지키는 분은 얼마나 딱딱거리시는지, 비자 받으러 왔다가 시험에 들곤 했습니다. '미국 비자 받는 것이 뭐 그렇게 대단한가! 우리는 천국 비자를 갖고 있는데……' 요즘은 다행히 그렇게 줄 설 필요가 없어졌지만 그 당시에는 그런 생각을 해 본 적이 있습니다. 미국 영주권이 뭐 그리 대단하겠습니까? 우리는 천국 영주권을 갖고 있으며 우리는 천국 시민인데 말입니다. 세상에서 제일 위대한 시민이 천국 시민입니다. 우리는 모두 천국 시민입니다.

또한 우리는 동일한 하나님의 가족입니다. 우리는 한가족입니다.

미국에 갈보리교회를 담임하시는 척 스미스(Chuck Smith) 목사님은 젊은이 사역을 통해서 교회를 크게 부흥시킨 분입니다. 척 스미스 목사님은 1960년대에 거리에서 방황하는 히피들을 교회로 다 받아들였습니다. 히피는 모든 기존의 질서를 무시하고 '우리 마음대로 살아 보자, 자유로움을 누려 보자'는 일종의 반(反)문화(counter culture) 운동을 하는 사람들이었습니다. 그래서 그들은 머리를 단정히 깎는 기존의 문화에 대항해 머리를 길러 장발로 다녔습니다. 양복 입고 넥타이 매고 신을 신는 기존의 복장 문화에 대항해 편하게 티셔츠와 청바지를 입고 맨발로 다녔습니다. 피아노나 오르간을 사용한 음악에 대항해 통기타를 치고 거리로 나왔습니다. 정상적인 결혼 생활에 대항해 결혼하지 않고 맘에 드는 사람과 동거 생활을 했습니다

다. 그리고 더 큰 자유를 맛보기 위해 마약까지 하였습니다. 그들은 이런 식으로 세상으로, 세상으로 나갔습니다.

그러다 보니 참된 기쁨이 있겠습니까? 오히려 그 마음에 절망이 더 깊어졌습니다. 참된 자유는 예수님 안에 있지 세상 쾌락에 있는 것이 아니기 때문입니다. 세상 쾌락은 일시적인 것입니다. 처음에는 좋다고 집을 나가서 장발로 통기타 치며 모여 다녔지만 참만족을 발견하지 못했습니다. 기존의 질서를 다 무시해 버렸다고 해서 참된 자유를 얻을 수 있는 것이 아니기 때문입니다.

그래서 그들 가운데 '예수 운동'(Jesus Movement), 즉 예수님께로 돌아가자는 운동이 일어났습니다. 하지만 문제는 그들을 받아들일 교회가 없다는 것이었습니다. 그 당시만 해도 교회 갈 때에는 엄숙하고 경건하게 정장을 갖추어 입고 가서 예배를 드렸습니다. 그런데 이 사람들은 티셔츠 바람에 맨발 차림이었으니 갈 교회가 없었습니다.

이때 갈보리교회에서 이 히피족들에게 문을 열었습니다. 많은 히피 젊은이들이 이 교회에 와서 은혜를 받기 시작했습니다. 하지만 문제가 생겼습니다. 기존 교인들과 히피 청년들 사이에 갈등이 생긴 것입니다. 그 교회 바닥에는 많은 돈을 들여

구입한 새 카펫이 깔려 있었는데 히피족들이 맨발로 들어오다 보니 카펫이 다 더러워지는 것이었습니다. 기존 성도들은 인상을 찌푸리기 시작했습니다. 그렇지 않아도 이들은 장발에다 자유로운 복장으로 교회에 오는 히피족들과 함께 예배를 드리는 것이 불만스러웠습니다. 그러던 차에 카펫이 더러워진 이 사건은 그들의 불만을 표출할 수 있는 좋은 구실이 되었습니다.

어느 주일 아침 교회당 입구에 '맨발 출입 금지' 라는 간판이 매달렸습니다. 기존 교인들이 더 이상 교회를 더럽히면 안 되겠다는 생각에 써서 매단 것입니다. 척 스미스 목사님의 마음은 무척 아팠습니다. 목사님은 회의를 소집하여 다음과 같이 말했습니다.

"만약 우리가 이 호화로운 카펫 때문에 맨발로 찾아오는 한 명의 젊은이라도 받아들일 수 없다면 나는 카펫을 걷어 내 버리고 싶습니다. 교회의 안락의자 천이 더럽혀질까봐 남루한 옷 입은 사람을 돌려보낸다면 나는 그 의자 천을 다 뜯어내 얼마든지 닦을 수 있는 나무 의자로 바꾸고 싶습니다."

목사님의 강력한 말씀과 태도에 모든 교인이 회개했습니다.

그로 인해서 놀라운 부흥의 역사, 성령 안에서 하나 되는 역사가 일어났습니다. 25명으로 시작한 이 교회는 현재 35,000명이 예배를 드리는 교회가 되었으며, 전 세계에 '갈보리' 라는 이름을 붙인 교회가 1,000개가 넘게 되었습니다. 그리고 그 교회에서 3,000명이 넘는 목회자들이 배출되어서 미국과 세계 전역에서 사역하고 있다고 합니다.

머리를 길렀든지 짧게 했든지, 옷을 아무렇게나 입었든지 제대로 입었든지, 그 심령이 변화 받는 것이 중요한 것이지 외모가 중요한 것은 아닙니다. 물론 외모가 단정하면 더 좋겠지요. 주님 앞에 나올 때 이왕이면 단정한 차림으로 나오는 것이 좋습니다. 이것은 일종의 '정성' 의 문제이기 때문입니다. 드라이클리닝을 한 옷이나 새 옷이 있다면 주일에 먼저 입고, 헌금을 할 때도 빳빳한 새 돈을 찾아서 헌금을 하는 습관을 가지는 것이 좋습니다. 헌 돈이나 새 돈이나 똑같은 가치는 있지만 특별히 새 돈으로 헌금을 드리는 것은 정성의 문제인 것입니다. 제가 여기에서 말씀드리고자 하는 요지는 그러한 정성마저도 기울이지 말자는 것이 아니라, 사람을 차별하지 말자는 것입니다. 갈보리교회의 부흥의 원인은 예수 그리스도 안에서 차별의 장벽을 무너뜨리고 하나가 되었다는 점입니다.

이처럼 우리는 주 안에서 하나 되도록 기도해야 합니다. "주님, 많이 배웠든지 못 배웠든지, 나이가 많든지 적든지, 많이 가졌든지 못 가졌든지 주 안에서 하나 되게 하여 주옵소서." 우리가 천국 갈 때에는 결국 이 모든 것을 다 내려놓고 갈 것입니다. 우리는 하나님 앞에서 똑같이 서게 될 것입니다. 키가 크든지 작든지, 옆으로 넓든지 좁든지 상관이 없습니다. 하나님 앞에 서면 다 똑같은 하나님의 자녀요, 하나님의 가족일 뿐입니다. 모두 다 동일한 자녀요, 가족으로서 하나님의 사랑을 받고 인정받을 것입니다.

4. 화목의 열매

하나님께서는 하나 되게 하신 화목의 열매로 '교회'를 주셨습니다. 교회는 하나님과 인간 사이에 화목의 열매입니다. 이 교회의 모퉁잇돌은 예수님이십니다.

"너희는 사도들과 선지자들의 터 위에 세우심을 입은 자라 그리스도 예수께서 친히 모퉁잇돌이 되셨느니라 그의 안에서 건물마다 서로 연결하여 주 안에서 성전이 되어 가고"(엡 2:20-21).

'모퉁잇돌'은 주춧돌을 말합니다. 그러므로 예수님이 교회의 모퉁잇돌이라는 말은 예수님이 교회의 주춧돌이라는 말입니다. 교회의 기초는 예수님이라는 말입니다. 주춧돌을 뽑아내면 건물이 무너지듯, 교회에서 예수 그리스도를 뽑아내면 교회는 무너집니다.

이단들 중에도 '교회' 라고 이름을 붙이는 이단들이 있습니다. 그런데 가 보면 예수님이 없습니다. 그것은 교회가 아닙니다. 진정한 교회는 예수님이 주춧돌이 되시는 교회, 예수님이 교회의 중심이 되시는 교회, 예수님이 교회의 머리가 되시는 교회, 예수님이 존경을 받으시는 교회, 예수님의 이름이 만방에 증거되는 교회, 예수님 모습을 닮아 가는 교회입니다. 이것이 진짜 교회입니다.

또한 예수님이 교회의 모퉁잇돌이라는 말씀은 우리 예수 믿는 사람들이 주춧돌인 예수님으로 인해 다 연결이 되었다는 의미입니다. 모퉁잇돌, 즉 주춧돌을 통해 모든 건물이 다 연결되어 있습니다. 마찬가지로 우리 모두는 예수 그리스도로 인해 다 연결되어 있습니다. 그러므로 믿는 사람들끼리 다투면 안 됩니다. 각자가 서로 긴밀히 연결되어 있는데 자꾸 다투면 건물에 금이 가다가 결국에는 전체가 무너질 수 있기 때문입니다.

교회 내에서 있어서는 안 되는 것이 다투는 일입니다. 절대로 다투면 안 됩니다. 이유 여하를 막론하고 다투면 안 됩니다.

혹 다툴 일이 생기면 한쪽 편이 양보해야 합니다. 양보할수록 하나님께서 더 큰 은혜를 주십니다. 바득바득 이기려고 하지 마십시오. 그렇지 않아도 짧은 인생을 왜 그렇게 삽니까? 조금 손해 보는 것 같아도 하나님이 더 많은 것을 주십니다. 자꾸 안 지려고, 이기려고 하니까 부딪치는 것입니다. 양보해 주고 베풀어 주십시오.

어릴 때를 생각해 보십시오. 형제들이 많다 보면 종종 싸우기도 합니다. 특히 중간에 있는 사람들이 항상 치입니다. 위와도 부딪치고 아래와도 부딪칩니다. 이때 형이 동생을 좀 봐주고, 동생도 형을 좀 봐주면 서로 화목해지지 않겠습니까? 마찬가지로 우리 예수 믿는 사람들은 다 형제자매지간이므로 서로 화목해야 합니다. 아무것도 아닌 것으로 갈등하면 안 됩니다.

우리는 그리스도 예수 안에서 함께 지어져 갑니다.

"너희도 성령 안에서 하나님이 거하실 처소가 되기 위하여 그리스도 예수 안에서 함께 지어져 가느니라"(엡 2:22).

'지어져 간다' 는 말은 끊임없이 성장해야 한다는 말입니다. 즉, 영적 성숙을 해야 한다는 말입니다.

우리는 육신의 성장과 육신의 건강에는 굉장히 관심이 많습니다. 몸에 좋다고 하면 별걸 다 먹습니다. 그런데 실제로 가장 좋은 보약인 신·구약 두 첩은 잘 달여 먹지 않습니다. 이 귀한 말씀을 늘 묵상해야 말씀을 통해서 우리가 성장합니다. 말씀을 통해 인격과 영성이 성숙되어야 합니다. 그리하여 점점 '예수님 닮은 꼴' 이 되어야 합니다. '작은 예수' 가 되어야 합니다. 험악한 얼굴이 변해서 천사 같은 얼굴이 되어야 합니다. 늘 변화되는 역사가 우리 삶 속에 있어야 합니다. 여러분의 일생이 다 가도록 늘 이렇게 변화되는 모습으로 하나님께 영광 돌리시기를 주님의 이름으로 축원합니다.

다섯째 광주리

그리스도 안에서 상속자된 축복

*

"이는 이방인들이 복음으로 말미암아
그리스도 예수 안에서 함께 상속자가 되고 함께 지체가 되고
함께 약속에 참여하는 자가 됨이라"
(엡 3:6)

엡 3:1-13

EPHESIANS

이러므로 그리스도 예수의 일로 너희 이방인을 위하여 갇힌 자 된 나 바울이 말하거니와 너희를 위하여 내게 주신 하나님의 그 은혜의 경륜을 너희가 들었을 터이라 곧 계시로 내게 비밀을 알게 하신 것은 내가 먼저 간단히 기록함과 같으니 그것을 읽으면 내가 그리스도의 비밀을 깨달은 것을 너희가 알 수 있으리라 이제 그의 거룩한 사도들과 선지자들에게 성령으로 나타내신 것 같이 다른 세대에서는 사람의 아들들에게 알리지 아니하셨으니 이는 이방인들이 복음으로 말미암아 그리스도 예수 안에서 함께 상속자가 되고 함께 지체가 되고 함께 약속에 참여하는 자가 됨이라 이 복음을 위하여 그의 능력이 역사하시는 대로 내게 주신 하나님의 은혜의 선물을 따라 내가 일꾼이 되었노라 모든 성도 중에 지극히 작은 자보다 더 작은 나에게 이 은혜를 주신 것은 측량할 수 없는 그리스도의 풍성함을 이방인에게 전하게 하시고 영원부터 만물을 창조하신 하나님 속에 감추어졌던 비밀의 경륜이 어떠한 것을 드러내게 하려 하심이라 이는 이제 교회로 말미암아 하늘에 있는 통치자들과 권세들에게 하나님의 각종 지혜를 알게 하려 하심이니 곧 영원부터 우리 주 그리스도 예수 안에서 예정하신 뜻대로 하신 것이라 우리가 그 안에서 그를 믿음으로 말미암아 담대함과 확신을 가지고 하나님께 나아감을 얻느니라 그러므로 너희에게 구하노니 너희를 위한 나의 여러 환난에 대하여 낙심하지 말라 이는 너희의 영광이니라 우리가 예수를 믿고 깨달아 알아야 하는 가장 중요한 사실 중의 하나는 '신분의 변화' 입니다. 내가 예수를 믿은 그 순간 나의 신분이 완전히 바뀌어졌습니다. 그 전의 나의 신분은 마귀의 노예였습니다. 죄의 종이었습니다. 육신의 쾌락을 따라 사는 저주받은 인생이었습니다. 그러나 이제는 예수 그리스도 안에서 '하나님의 상속자' 가 되었습니다. 한때는 하나님의 상속에서, 하나님의 공동체에서, 하나님의 약속에서 제외되었던 우리가 이제는 예수 안에서 함께 상속자가 되고 함께 지체가 되고 함께 약속에 참여한 자가 된 것입니다.

1. 복음으로 그리스도 안에서 상속자가 됨

하나님을 떠난 인간 모습의 본질은 '절망' 입니다. 왜 그렇습니까? 인간 스스로의 힘으로 자신을 구원할 수도 없고, 인간 스스로의 힘으로 죄의 문제를 해결할 수도 없고, 인간 스스로의 힘으로 삶의 저주의 고리를 풀어 버릴 수도 없고, 인간 스스로의 힘으로 육체의 질병과 사망을 해결할 수도 없기 때문입니다. 이를 해결할 사람은 아무도 없습니다. 그러므로 인간의 모습은 절망인 것입니다.

이 절망이 어디서부터 왔습니까? '죄' 로부터 왔습니다. 그렇다면 그 죄는 어디서부터 왔습니까? 죄의 대장인 '마귀' 로부터 왔습니다. 마귀가 하나님이 지으신 아담과 하와를 타락시킴으로 죄가 인류 가운데 들어오게 되었습니다.

이들이 죄짓고 타락하게 되었을 때 누구에게 더 문제가 많았습니까? 하와에게 문제가 더 많았습니까, 아담에게 문제가 더 많았습니까? 사실 둘 다 똑같습니다. 하나님께서는 아담에게 **"선악을 알게 하는 나무의 열매는 먹지 말라 네가 먹는 날에는 반드시 죽으리라"**(창 2:17)고 명령하셨습니다.

하와는 그다음에 만들어졌습니다.

"야훼 하나님이 아담을 깊이 잠들게 하시니……야훼 하나님이 아담에게서 취하신 그 갈빗대로 여자를 만드시고 그를 아담에게로 이끌어 오시니"(창 2:21-22).

하나님께서 아담에게 명령을 하신 후 아담의 갈빗대를 취해서 하와를 만드셨기 때문에, 하와는 하나님의 명령을 직접 듣지 못했습니다.

그런데 아담이 하와에게 제자 훈련, 즉 말씀 교육을 제대로 못한 것입니다. 만약 하루에도 몇 번씩 "선악과를 먹는 날에는 반드시 죽으니까 근처에 가지도 말아야 돼. 먹으면 죽어. 큰일 나!"라고 강조하고 또 강조했더라면 하와가 절대로 선악과 주위를 빙빙 돌지 않았을 것입니다. 그런데 아담이 말씀 교육을 제대로 하지 않았기 때문에 하와는 뱀이 와서 유혹하니까 그 말에 넘어간 것입니다. 하와가 선악과를 보니 정말 먹음직스럽고 탐스럽기도 하고 지혜롭게 할 만큼 아주 아름다운 열매로 보였습니다. 그래서 선악과를 따 먹은 것입니다.

이러므로 부부 사이의 대화가 중요합니다. 부부 사이에 대화가 없는 가정이 참 많습니다. 남편은 하루 종일 밖에 나갔다 들어와서 피곤하니까 "밥 먹자. 자자." 이 두 가지 말밖에 안 합니다. 이렇게 대화가 없으니 종일 집에서 많은 일을 하고 있는 부인의 마음속에 여러 가지 불만이 쌓입니다. '내가 소외되고 있구나. 무시당하고 있구나. 나를 인정해 주지 않고 있구나.' 그래서 가급적이면 대화를 많이 나누어야 합니다. 좋은 대화, 서로에게 위로를 주고 서로를 살리는 대화를 나누어야 합니다. 부인이 '나는 집에서 밥이나 짓는 부엌데기구나!' 라는 생각을 하지 않도록 좋은 대화가 오가야 합니다.

부모 자식 간도 마찬가지입니다. 부모 자식 사이에 대화 없이 지내는 가정이 75%나 된다고 합니다. 전체 가정의 4분의 3이 대화를 하지 않는다는 것입니다. 집에 와서 아이가 부모에게 고작 하는 말은 "엄마, 나 돈 줘." 입니다. 돈 달라는 것 외에는 이야기할 것이 없습니다. 그리고는 그저 컴퓨터 앞에 앉아서 게임이나 합니다. 이렇게 아이들의 정신이 황폐해지고 있습니다.

근본적인 문제는 '대화 부재' 에 있습니다. 이 말씀을 들은 이후로는 좋은 이야기, 유익한 이야기, 살리는 이야기, 은혜로운 이야기를 많이 나누시기 바랍니다. 남을 칭찬하고 격려하고 위로하고 힘을 주는 이야기가 많이 오가야 합니다. 그러면 근본적으로 사람들과의 관계가 더 아름다워지며 또 하나님의 은혜가 임하게 되는 것입니다. 특히 자신이 받은 말씀의 은혜를 서로 나누며 좋은 대화를 나누시기 바랍니다.

대화 부재의 관계였던 아담과 하와는 선악과를 먹고 타락하게 되었습니다. 그들은 같이 죄의 굴레 속에 들어가게 되었습니다. 그로 말미암아 아담과 하와가 가졌던 모든 축복을 단번에 다 잃어버렸습니다.

죄를 지음으로 말미암아 그 영혼이 죽게 되었습니다. 뿐만 아니라 환경이 저주를 받게 되었고, 육신이 죽게 되어 질병과 사망이 왔습니다. 영적 죽음, 환경의 저주, 육체적 죽음, 이것이 '삼중형벌' 입니다.

그런데 예수를 믿고 나면 이 삼중형벌이 다시 삼중축복으로 바뀌어서, 영혼이 잘되고 범사가 잘되며 강건하게 되는 은혜가 다가옵니다. 이 모든 축복이 예수 그리스도를 믿음으로 말미암아, 복음으로 말미암아 회복되는 것입니다.

구약 시대에는 구원이 이스라엘 백성에게만 국한된 것으로 여겨졌습니다. 이방인들은 구원에서 제외된 것으로 알고 있었습니다. 그러나 놀랍게도 구원의 복음이 이방인들에게도 증거되게 되었습니다. 비밀로 감추어졌다가 예수님이 오신 후에 이방인들에게 나타나게 된 것입니다.

하나님의 구원의 비밀에 대해서 본문 5절은 다음과 같이 말씀합니다.

"이제 그의 거룩한 사도들과 선지자들에게 성령으로 나타내신 것 같이 다른 세대에서는 사람의 아들에게 알리지 아니하셨으니".

'다른 세대', 즉 구약 시대에 '사람의 아들'에게 알려 주지 아니하시고 예수님 이후 신약 시대, 즉 은혜 시대가 열리자 사도들과 선지자들에게 성령을 통해서 깨닫게 하시고 알려 주셨다는 말씀입니다.

그러므로 이제는 이방인과 유대인이 동일하게 하나님의 상속자가 되어서 큰 복을 누리며 살아가게 되었습니다. 예수님 안에서 이방인들이 이스라엘과 더불어 상속자가 된 모습을 6절은 다음과 같이 설명합니다.

"이는 이방인들이 복음으로 말미암아 그리스도 예수 안에서 함께 상속자가 되고 함께 지체가 되고 함께 약속에 참여하는 자가 됨이라".

'상속자가 되었다'는 것은 하나님의 자녀로서의 모든 축복을 회복했다는 말입니다. 즉, 우리가 예수를 믿을 때 하나님의 자녀로서의 모든 축복을 회복하였다는 것입니다.

여기서 '함께'라는 말에 주목해 봅시다. 이방인인 우리는 유대인과 함께 상속자가 되고 함께 지체가 되고 함께 약속에 참여하는 자가 되었습니다. 이방인과 유대인이 함께 공동 상속자가 되고 함께 교회 공동체의 일원이 되었다는 것입니다. 삼중형벌로 고통당하던 이방인들도 유대인들과 함께 삼중축복에 참여하고 함께 삼중축복을 회복했습니다.

그러므로 이제 유대인과 이방인은 동등한 하나님의 상속자요, 자녀입니다. 옛날에는 유대인들이 우월감을 가지고 이방인을 사람으로 취급하지 않았지만, 예수님 안에서 이제는 이방인이나 유대인이나 동등한 하나님의 자녀로서, 하나님의 모든 은혜와 축복을 상속받은 자로서 살아가게 되었습니다.

이처럼 우리는 하나님의 축복 받은 자녀가 되었습니다. 그러므로 우리는 하나님의 자녀로서 부요 의식을 가지고 살아야 합니다. 마귀의 노예는 늘 패배 의식과 가난과 저주에 찌들어서 한숨만 짓고 원망과 불평을 합니다. 반면에 하나님의 자녀는 우리 주님의 부요하심으로 인해서 늘 기뻐하고 감사하고 찬양하고 위로하고 격려하고 칭찬하고 베풀고 나눕니다. 너무나 많은 은혜를 받았으므로 나누고 또 나누는 것입니다. 이렇게 우리가 받은 은혜를 나누고 베풀 때 하나님께서는 우리에게 더 큰 은혜를 부어 주십니다. 우리 모두는 하나님의 상속자이기 때문입니다.

'상속' 이라고 할 때 문득 생각나는 이야기가 있습니다.

미국에 한 부부가 있었습니다. 결혼한 지 18년이 되도록 자녀가 없던 이 부부에게 아들이 생겼습니다. 이들 부부는 이 아들을 무척 사랑하고 아꼈습니다. 자녀를 사랑하지 않는 부모가 있겠습니까마는 아버지 나이 44세, 어머니 나이 40세에 얻은 늦둥이라 아들을 향한 부부의 사랑은 지극했습니다.

그런데 어느 날 아들이 병에 걸렸습니다. 부부는 아들을 살리기 위해서 많은 의사를 찾아다니고 애를 썼지만, 그들의 희망을 저버린 채 아들은 세상을 떠났습니다. 16번째 생일을 두 달 앞둔 때였습니다. 너무나 마음이 슬펐던 이 부부는 아들을 위해 무언가 좋은 일을 해야겠다는 생각을 하게 되었습니다.

그들은 캘리포니아의 아이들이 곧 자신들의 아이들이라고 생각하고 캘리포니아에 대학을 세우기로 결심하였습니다. 하버드대학교를 비롯하여 동부의 명문 대학을 방문하여 대학 설립에 필요한 여러 아이디어들을 얻은 뒤 1887년 5월 14일, 즉 죽은 아들의 생일에 맞춰 대학 기공식을 거행했습니다.

그 대학이 바로 '미 서부의 하버드' 라고 불리는 스탠포드대학교입니다. 아들의 이름인 '릴런드 스탠포드 주니어' 를 따서

지은 것입니다. 명문 스탠포드대학교는 이렇게 "우리의 아들과 같은 많은 젊은이들을 길러 내는 학교를 세우기 원합니다."라는 그 부부의 소망에 의해 탄생했습니다.

그 부부는 미 대륙 횡단 철도 건설 회사와 서부 도처에 깔린 철도망의 소유자요, 거부였던 릴런드 스탠포드(Leland Stanford) 부부였습니다. 그런데 그 엄청난 재산을 상속받을 아들이 죽자 그 재산으로 학교를 세워서 많은 인재를 길러 냈으며, 이들을 통해 아름다운 꿈을 계속 이루어 나갔던 것입니다.

이 대학의 기념 교회 내부의 한 조각상에는 다음과 같은 글이 적혀 있다고 합니다.

"하나님께서 인간에게 가장 가까이 다가오신 것은 고통을 통해서이다. 인간이 하나님께 가장 가까이 다가서는 것도 고통을 통해서이다."

그들은 고통을 통해 하나님을 더 가까이 만났고 그 고통을 하나님의 거룩한 꿈으로 승화시켰던 것입니다.

한 사람의 상속도 대학 하나를 거뜬히 세울 정도로 막대하다면, 우리 하나님의 상속은 얼마나 엄청나겠습니까? 그러므로 우리는 하나님의 풍성한 기업을 상속받은 '하나님의 상속자'로서의 자부심을 가져야 합니다. 뿐만 아니라 하나님의 상속자로서 하나님의 부요하심을 자원 삼아 하나님의 위대하고 거룩한 꿈을 이 땅에 계속 이루어 나가는 책임 있는 자들이 되어야 합니다.

2. 복음의 일꾼

바울은 자신이 **복음의 일꾼**이라고 말합니다.

"이 복음을 위하여 그의 능력이 역사하시는 대로 내게 주신 하나님의 은혜의 선물을 따라 내가 일꾼이 되었노라"(엡 3:7).

'일꾼' 이라는 단어는 헬라어로 '디아코노스' 입니다. 이 말은 '하인, 섬기는 자, 심부름꾼, 종' 이라는 의미를 가지고 있습니다. 이 디아코노스라는 말에서 '디컨' (deacon, 집사)이라고 하는 영어 단어가 나왔습니다.

교회에서 집사 직분을 받는 것은 교회를 섬기는 일꾼으로, 하인으로, 머슴으로, 종으로 택함을 받은 것입니다. 그렇기 때문에 우리가 직분을 받기 전에는 때로 불평도 하고 열심을 내지 못했을지라도 직분을 받은 후에는 달라져야 합니다. 충성스러운 일꾼으로서 주님을 위해서 헌신해야 합니다. 직분을 받은 사람들은 원망과 불평을 하면 절대 안 됩니다. 직분을 받은 사람들은 열심히 주님을 섬겨야 하고 그 모습 속에서 우리 주님의 영광을 나타내야 합니다.

왜 그렇습니까? 부족한 우리를 충성스럽게 보시고 직분을 맡기셨기 때문입니다. 사도 바울은 "**나를 능하게 하신 그리스도 예수 우리 주께 내가 감사함은 나를 충성되이 여겨 내게 직분을 맡기심이니**"(딤전 1:12)라고 말했습니다. 또한 그는 "**맡은 자들에게 구할 것은 충성이니라**"(고전 4:2)고 말했습니다.

원래 성경에 나오는 집사 직분은 다 안수집사를 말합니다. 종신토록 교회를 섬기도록 직분을 주신 것입니다. 안수집사님이나 권사님이나 장로님 모두 종신토록 교회를 섬기기 위해서 세워 놓으신 주님의 일꾼입니다.

장로님들은 모든 양 무리에 본이 되는 대표로서 세운 것입니다. 장로님을 보고 성도들이 따라가도록 한 것입니다. 그렇기 때문에 섬김의 아름다운 본을 보이는 장로님들이 많이 있을 때 교회가 부흥되고 교회에 큰 축복이 다가옵니다. 권사님도 모든 여자 성도들의 어른으로서 섬김의 본을 보이시도록 세운 것입니다.

이렇게 교회 직분을 받은 사람들에게 요구되는 것은 충성입니다. "주님, 기쁨으로 주님을 섬기기 원합니다."라고 고백하는 일꾼들이 되시기를 바랍니다.

바울은 자신이 '복음'의 일꾼이라고 말합니다. 그는 예수 그리스도의 복음을 위하여 자신이 일꾼이 되었다고 말합니다. 여러분도 모두 복음을 위한 일꾼이 되시기를 바랍니다.

가정에서도 예수의 형상을 나타내는 복음의 일꾼이 되기를 원합니다. 직장에서도 주의 영광을 나타내는 복음의 일꾼이 되기를 원합니다. 학교에서도 학교를 변화시키는 복음의 일꾼이 되기를 원합니다. 사업장에서도 사업장 전체를 그리스도의 복음의 터로 변화시키는 복음의 일꾼이 되기를 원합니다. 어디를 가더라도 우리가 복음의 일꾼으로 쓰임을 받을 때 하나님께서 영광 받으시고 은혜에 은혜를 더해 주십니다.

우리는 복음의 일꾼으로서 무엇을 해야 합니까? '그리스도의 풍성함을 전해야' 합니다.

"모든 성도 중에 지극히 작은 자보다 더 작은 나에게 이 은혜를 주신 것은 측량할 수 없는 그리스도의 풍성함을 이방인에게 전하게 하시고"(엡 3:8).

은혜를 받고 나자 사도 바울이 변화되었습니다. 큰 자에서 작은 자가 된 것입니다. 그는 예수님을 만나고 난 뒤에는 자신을 '모든 성도 중에 지극히 작은 자보다 더 작은 자' 라고 고백합니다. 우리 역시 "나는 작은 자입니다."라고 고백할 수 있어야 합니다. 반면 내 안에 계신 예수님은 가장 크신 자입니다. 내가 작아지면 작아질수록 예수님이 커집니다. 내가 작아질수록 예수님의 영광이 더 크게 나타납니다. 내가 작아질수록 예수님의 능력이 더 크게 나타납니다.

하지만 내가 커지면 커질수록 우리 주님은 작아집니다. 우리 주님은 인격자이시기에 내가 나의 주도권을 주님께 맡기기 전까지는 가만히 계십니다. 주님께서 내 마음에 성령으로 와 계시지만, 주님은 내가 성령님을 인정하고 환영하고 모셔 들이는 만큼 일하십니다. 내가 마음의 문을 딱 닫고 "내가, 내가!" 하면 성령께서는 "그래, 네 뜻대로 해 보아라." 하십니다. 그러면 실수가 많습니다. 내 마음대로 막 혈기를 부립니다. 자기 고집을 피우다가 문제를 일으키고 사람과의 관계마저도 악화됩니다. 왜 그렇습니까? 바로 이 '내가' 때문입니다.

주님을 섬길 때 "나는 지극히 작은 자입니다. 주님만이 영광받으옵소서. 주님만이 가장 크시고 위대하시고 영광을 받으실 유일한 분이십니다."라고 늘 고백하시기 바랍니다. 그것이 은혜입니다. 나에게 이 은혜를 주신 것은 측량할 수 없는 그리스도의 풍성함을 이방인에게 전하기 위해서입니다. 그런데 내가 작아지면 그리스도의 풍성함이 밖으로 나타납니다. 반면 내가 커지면 그리스도의 풍성함이 내 속에 감춰져 버리고 맙니다.

이러한 놀라운 은혜가 이방인에게 전해지게 된 것이 바로 하나님의 구속의 비밀입니다.

"영원부터 만물을 창조하신 하나님 속에 감추어졌던 비밀의 경륜이 어떠한 것을 드러내게 하려 하심이라 이는 이제 교회로 말미암아 하늘에 있는 통치자들과 권세들에게 하나님의 각종 지혜를 알게 하려 하심이니"(엡 3:9-10).

이 말씀에서 중요한 것은 **'교회로 말미암아'** 라는 말입니다. 교회는 축복의 통로입니다. 교회를 통하여 하나님이 영광을 받으시고 교회를 통하여 예수의 이름이 높임 받으시며 교회를 통하여 예수 그리스도의 복음이 만방에 증거되는 것입니다. 그래서 성도는 교회를 잘 만나야 되고 주의 종을 잘 만나야 합니다. 그리하여 그 믿음이 바로 자라야 합니다. 교회를 떠난 신앙생활은 올바로 성장할 수가 없습니다. 그러므로 반드시 교회 중심, 예배 중심의 신앙생활을 하시기 바랍니다.

일생을 예배에 승부를 걸면 하나님이 그 일생을 책임져 주십니다. 시험에 들면 제일 먼저 나오는 현상이 무엇인지 아십니까? "예배드리기 싫어요." 입니다. 반면 은혜 받으면 제일 먼저 변화되는 것은 예배에 대한 사모함입니다. "예배드리러 가야지. 은혜 받으러 가야지. 하나님께서 오늘 또 무슨 말씀을 주실까? 지난 주에 갔더니 앞쪽에 빈자리가 없었어. 오늘은 더 일찍 가야지." 이렇게 은혜를 받으면 그 마음에 주님을 향한 간절한 사모함이 생기게 되는 것입니다. 왜 그렇습니까? 하나님께서 교회를 통해서 놀라운 은혜와 축복을 우리에게 부어 주고 계시기 때문입니다. 그러므로 교회는 축복의 통로입니다.

여러분이 이렇게 아름다운 교회, 은혜로운 교회, 축복의 교회를 택하신 것을 큰 기쁨으로 생각하고 감사하시기 바랍니다. 저는 여의도순복음교회에 와서 우리 조용기 목사님을 만나 성령을 체험하고 이렇게 교회를 섬기게 된 것을 제 일생일대의 기쁨으로 생각합니다. 얼마나 감사한지 모릅니다.

45년 전에 저의 할아버님이 온 가족을 우리 교회로 인도하셨습니다. 할아버님은 성경을 많이 연구하시고 교회도 세우시고 목회도 하셨던 장로님이셨습니다. 평양에서 신앙생활을 하다가 월남해서 서울로 내려오셨는데 서대문으로 이사 왔을 때 할아버님 다리가 조금 불편하셨습니다. 그래서 아침마다 집 근처에 있는 교회에 나가서 새벽기도를 드리셨습니다. 그 교회가 바로 당시 서대문 로터리에 있던 순복음교회였습니다.

그런데 할아버님은 석 달 동안 순복음교회에서 새벽기도를 드리시더니 하루는 저희 가족을 다 불러 모으셨습니다. "돌아오는 주일부터 우리 가족은 다 순복음교회로 간다. 젊은 총각 목사님의 말씀이 살아 있고 성령과 은혜가 아주 충만하더라. 이제부터 이 교회로 옮긴다." 이 말씀 한마디에 온 가족이 순복음교회로 옮겼습니다. 그때가 1964년입니다.

저희 가족은 순복음교회에 출석하여 얼마나 큰 은혜를 받았는지 모릅니다. 물론 처음에는 분위기가 잘 안 맞았습니다. 45년 전 우리 교회 분위기는 '막 들었다 놓았다 한다' 고 표현할 정도로 아주 열정적이었기 때문입니다. 지금은 다 우리 교회 영향을 받아서 통성 기도도 하고 박수도 치지만, 그때 다른 모든 교회는 예배 시간에 기침도 잘 못할 정도로 엄숙하고 조용하게 예배를 드렸습니다. 저 역시 그런 분위기에서 자라다가 순복음교회에 오니까 완전히 별천지 같았습니다.

그런데 시간이 갈수록 목사님 말씀이 얼마나 은혜가 되었는지 모릅니다. 지금 설교하시는 속도의 두 배 정도의 속도로 두 시간 동안 속사포처럼 말씀을 막 쏟아내시는데 그 속사포 앞에 안 무너질 사람이 없었습니다. 이상한 교회가 있다며 비판하고 구경하러 왔던 사람들도 다 고꾸라졌습니다. 그래서 서대문 일대가 인산인해를 이루었고 오늘날 여의도의 기적을 이룬 것입니다.

저는 교회를 잘 만나서 하나님의 심부름꾼인 목사가 될 수 있었습니다. 얼마나 감사한지 모릅니다. 이것은 다 하나님께서 교회를 통하여 주신 은혜입니다.

평생 주님의 교회를 기쁨으로, 감사함으로 섬기시기 바랍니다. 어떤 어려움이 다가오고 문제가 다가와도 절대로 교회를 떠나거나 예배에 빠지지 마십시오. 힘들수록 더 교회에 나오고 더 예배 잘 드리고 더 충성하고 더 깊이 주님 영광을 위해서 헌신하기시를 바랍니다. 그러면 하나님께서 복을 주십니다.

3. 하나님의 약속에 참여하여 담대하게 나아감

우리는 하나님의 약속에 참여한 자가 되었습니다.

"곧 영원부터 우리 주 그리스도 예수 안에서 예정하신 뜻대로 하신 것이라"(엡 3:11).

우리가 하나님의 약속에 참여한 자가 된 것은 영원부터 주님이 예정하신 것입니다. 절대로 우연이 없습니다. 다 하나님의 예정입니다. 다 하나님의 뜻입니다. 다 하나님께서 여러분을 위해서 큰 기적을 예비해 놓으신 것입니다.

여러분은 우연히 교회에 와 있는 것이 아니라 하나님의 크신 축복의 예정 가운데 교회에 와서 은혜 받고 하나님께 헌신하게 되었습니다. 그렇기 때문에 이 놀라운 은혜에 감사할 수밖에 없습니다.

우리는 하나님의 예정으로 이 약속에 참여한 자가 되었기에 믿음으로 담대함과 확신을 가지고 하나님께 나아가야 합니다.

"우리가 그 안에서 그를 믿음으로 말미암아 담대함과 확신을 가지고 하나님께 나아감을 얻느니라 그러므로 너희에게 구하노니 너희를 위한 나의 여러 환란에 대하여 낙심하지 말라 이는 너희의 영광이니라"(엡 3:12-13).

여러분, 주님을 섬길 때 절대로 낙심하지 마십시오. 고난이 영광이 됩니다. 고난이 변하여 축복이 됩니다. 핍박을 당한다고, 어려움을 당한다고 뒤로 물러나면 안 됩니다. 성경은 "나의 의인은 믿음으로 말미암아 살리라 또한 뒤로 물러가면 내 마음이 그를 기뻐하지 아니하리라 하셨느니라 우리는 뒤로 물러가

멸망할 자가 아니요 오직 영혼을 구원함에 이르는 믿음을 가진 자니라"(히 10:38-39)고 말씀합니다.

고난이 올수록 더 열심히 주님을 믿고 더 열심히 주님을 섬기고 영광을 돌리면 그 고난이 영광이 됩니다. 그렇기 때문에 성경은 다음과 같이 말씀합니다.

"그러므로 너희 담대함을 버리지 말라 이것이 큰 상을 얻게 하느니라 너희에게 인내가 필요함은 너희가 하나님의 뜻을 행한 후에 약속하신 것을 받기 위함이라"(히 10:35-36).

"생각하건대 현재의 고난은 장차 우리에게 나타날 영광과 비교할 수 없도다"(롬 8:18).

일제 강점기 때 "예수 천당!"을 외치며 일평생을 복음 전도에 헌신한 최권능 목사님의 이야기는 항상 우리에게 감동을 줍니다.

35세에 예수 그리스도를 믿게 된 목사님은 예수님의 사랑을 깊이 체험하고서 성경이나 전도용 소책자를 나누어 주며 복음을 전하는 전도자로 나서게 되었습니다. 늦은 나이에 신학교에 들어가신 목사님은 신학교를 졸업한 후 만주 지방에 파송받아 12년간 열정적으로 복음을 전하셨는데, 12년 동안 교회를 무려 50개나 세우셨습니다. 1년에 평균 4개 이상을 세운 것입니다.

목사님의 이름은 본래 '최봉석' 입니다. 그런데 전도하시는 가운데 너무나 하나님의 능력이 많이 나타나 '최권능 목사님' 으로 불리게 되었습니다. 목사님의 모습을 한마디로 이야기하면 '예수 천당' 입니다. 목사님은 어디로 가든지 "예수 천당!", 누구를 만나든지 "예수 천당!" 을 외치셨습니다. 이렇게 목사님의 전도 방식은 지극히 단순했습니다. 하지만 그 말 한마디에 예수 그리스도를 향한 사랑과 지옥을 향해 달려가는 불신 영혼에 대한 진실한 안타까움 그리고 복음의 일꾼으로 부름받았다는 사명감이 들어 있었기에 성령의 능력과 위엄이 있었습니다.

60이 가까운 나이에 평양으로 오신 목사님은 평양에서도 눈이 오나 비가 오나 "예수 천당!" 을 외치며 가는 곳마다 복음을 전하셨습니다. 그런데 일본의 신사 참배 문제가 대두되자, 이를 결사적으로 반대하던 최권능 목사님은 일본 경찰에 붙잡히고 말았습니다.

목사님은 그를 체포하러 온 순경에게도 "예수 천당!" 을 외치셨습니다. 뿐만 아니라 감옥에서 발길에 걷어차여도 "예수 천당!", 짓밟혀도 "예수 천당!", 고춧가루 물을 갖다 부어도

"예수 천당!", 때려도 밟아도 거꾸로 매달려도 아프다는 소리 대신 "예수 천당!"을 외치셨습니다. 그래서 일본 순경이 "너는 도대체 왜 그러는 거냐?"고 묻자 목사님은 다음과 같이 말씀하셨습니다. "내 속에는 예수 천당만이 꽉 들어차서 흔들기만 하면 예수 천당밖에 나오는 것이 없습니다."

76세의 노구에도 끝까지 신앙의 순결을 지키시던 목사님은 5년간의 감옥 생활과 모진 고문으로 극도로 쇠약해지셨습니다. 1944년 4월, 목사님은 시체와 방불한 몸이 되어 병보석으로 풀려나게 되었습니다. 그리고 감옥에서 나온 지 얼마 안 된 4월 15일 오후 12시 40분, 부활 주일을 앞두고 목사님은 "하늘에서 전보가 왔구나. 나를 오라고……" 하시면서 찬송가 289장을 부르기 시작했습니다.

"고생과 수고가 다 지난 후 광명한 천국에 편히 쉴 때
주님을 모시고 나 살리니 영원히 빛나는 영광일세
영광일세 영광일세 내가 누릴 영광일세
은혜로 주 얼굴 뵈옵나니 지극한 영광 내 영광일세"

목사님은 이렇게 찬송가를 부르시다가 평안히 영광 가운데 천국에 가셨습니다.

그렇습니다. 고난이 영광입니다. 고난과 환난에는 영광의

면류관이 예비 되어 있기 때문입니다. 성경은 **"시험을 참는 자는 복이 있나니 이는 시련을 견디어 낸 자가 주께서 자기를 사랑하는 자들에게 약속하신 생명의 면류관을 얻을 것이기 때문이라"**(약 1:12)고 말씀합니다. 환난과 핍박 속에서도 담대하게 믿음을 지킨 목사님의 아름다운 신앙과 죽음은 하늘에 예비 된 생명의 면류관을 받는 영광이 되었을 뿐 아니라, 이 땅에서도 많은 성도들에게 큰 은혜를 끼치고 수많은 영혼들이 주님께 돌아오도록 하는 영광의 결실로 나타나게 되었습니다.

사랑하는 여러분, 우리는 오직 하나님의 영광을 위해서 살아야 합니다. 우리는 복음 안에서 하나님의 상속자가 되었습니다. 우리가 하나님의 전적인 은혜로 이러한 축복을 받은 것은 복음의 일꾼으로서 그리스도의 풍성함을 전하기 위함입니다. 우리에게 축복의 통로인 귀한 교회를 주신 것도 이를 위해서입니다. 결국 하나님의 영광을 위해 사는 것이 우리가 이 세상에 사는 목적입니다.

그러므로 환난이 다가오고 핍박이 다가오고 문제가 다가와도 오직 주께 영광 돌리는 삶을 사시기 바랍니다. 이 믿음을 갖고 이 땅에 사는 동안 우리의 삶을 거룩한 산 제물로서 주님께

드리시기를 바랍니다(롬 12:1). 그리하여 믿음을 지키고 주님을 섬기는 승리자의 삶을 살다가 주님 앞에 서는 날 영광의 면류관을 받아 누리는 여러분 모두가 되시기를 예수님의 이름으로 간절히 축원합니다.

여섯째 광주리

영적 충만의 은혜

*

"그 너비와 길이와 높이와 깊이가 어떠함을 깨달아
하나님의 모든 충만하신 것으로
너희에게 충만하게 하시기를 구하노라"
(엡 3:19)

엡 3:14-21

EPHESIANS

이러므로 내가 하늘과 땅에 있는 각 족속에게 이름을 주신 아버지 앞에 무릎을 꿇고 비노니 그의 영광의 풍성함을 따라 그의 성령으로 말미암아 너희 속사람을 능력으로 강건하게 하시오며 믿음으로 말미암아 그리스도께서 너희 마음에 계시게 하시옵고 너희가 사랑 가운데서 뿌리가 박히고 터가 굳어져서 능히 모든 성도와 함께 지식에 넘치는 그리스도의 사랑을 알고 그 너비와 길이와 높이와 깊이가 어떠함을 깨달아 하나님의 모든 충만하신 것으로 너희에게 충만하게 하시기를 구하노라 우리 가운데서 역사하시는 능력대로 우리가 구하거나 생각하는 모든 것에 더 넘치도록 능히 하실 이에게 교회 안에서와 그리스도 예수 안에서 영광이 대대로 영원무궁하기를 원하노라 아멘 목사님들의 어떤 모임에 참석한 적이 있었습니다. 그때 제 옆에 앉으신 목사님께서 이런 말씀을 하셨습니다.

"주의 종의 마음은 늘 아버지의 마음과 같습니다. 그래서 주의 종은 성도들이 고통스러워하며 괴로워할 때 '주님, 성도가 괴로워하지 않고 차라리 제가 괴로워하게 해 주옵소서.' 라고 기도합니다. 성도가 아프면 '주님, 성도가 아프지 않고 제가 아프게 하여 주옵소서.' 라고 기도합니다."

주의 종의 마음은 늘 그러합니다. 물론 성도도 안 아프고 주의 종도 안 아픈 것이 제일 좋습니다. 주의 종이 아프면 성도들이 근심하지 않겠습니까? 그래서 저는 속으로 '주여, 이왕이면 순복음식으로 성도도 안 아프고 저도 안 아프게 하여 주옵소서.' 라고 기도했습니다만, 중요한 것은 예나 지금이나 주의 종은 이렇게 아버지와 같은 심정으로 목회를 한다는 것입니다.

사도 바울도 그러했습니다. 에베소서를 보면 사도 바울의 기도문이 1장, 3장, 6장에 걸쳐 세 번 나옵니다. 1장의 기도가 성도 개인 한 사람을 위한 기도라고 하면, 3장의 기도는 성도 전체를 위한 기도, 즉 교회적 차원에서의 기도라고 할 수 있습니다. 그는 아버지와 같은 심정으로 에베소 성도들을 위해 기도하고 있는데, 특히 에베소 성도들이 '영적 충만의 은혜' 를 누리기를 간구하고 있습니다. 그의 기도의 핵심은 본문 19절에 나타납니다.

"그 너비와 길이와 높이와 깊이가 어떠함을 깨달아 하나님의 모든 충만하신 것으로 너희에게 충만하게 하시기를 구하노라".

1. 성령의 능력으로 강건하게 되라

에베소 성도들을 향한 사도 바울의 기도 내용의 첫 번째는 '성령의 능력으로 강건하게 되게 하여 주옵소서' 입니다.

"그의 영광의 풍성함을 따라 그의 성령으로 말미암아 너희

속사람을 능력으로 강건하게 하시오며"(엡 3:16).

성령 충만만이 승리하는 신앙생활의 비결입니다. 우리가 예수 믿고 나서 일생을 살아가는 동안 첫째도 성령 충만, 둘째도 성령 충만, 마지막도 성령 충만 해야 합니다. 성령으로 충만함을 받을 때 우리가 주님 안에서 승리의 삶을 살아갈 수 있습니다.

신앙생활이 어려운 것은 우리 인간의 힘으로 예수를 믿으려고 하기 때문입니다. 머리로 예수님을 믿으려고 하는 것입니다. 머리로 믿으려니 자꾸 의심하고 따지고 또 따지는 것입니다. 그렇게 되면 신앙생활이 너무나 힘들고 어려워집니다.

신앙은 이해하고 믿는 것이 아니라 믿고 이해하는 것입니다. 먼저 믿어야 합니다. 그러고 나서 성령이 주시는 깨달음을 따라서 이해하게 되는 것입니다. 그런데 머리로 이해하고 믿으려 하니까 자꾸 의문이 생기는 것입니다. 이런 분들은 주로 "목사님, 왜 하나님은 선악과를 만드셨을까요? 분명히 아담과 하와가 먹을 것을 알았을 텐데요."라는 식의 질문을 합니다. 그것은 나중에 천국 가서 물어봐야 합니다. 우리가 질문할 수 있는 내용의 범위를 넘어선 것입니다.

지금 우리에게 중요한 것은 우리의 삶을 통해 주님께 영광 돌리는 것입니다. "어떻게 하면 주님께 영광 돌릴 수 있을까요?

어떻게 하면 주님을 기쁘시게 할까요? 어떻게 하면 하나님의 영광을 나타내는 삶을 살아갈까요? 주님, 나를 부르신 뜻이 무엇인지를 깨달아 알게 하여 주옵소서. 하나님의 영광을 위해 살아가는 주님의 자녀가 되게 하여 주옵소서." 이것이 중요합니다. 이것이 우리의 기도 제목이 되어야 합니다.

하나님의 신비를 인간의 머리로 자꾸 해석하려고 하니 해석이 안 되는 것입니다. 어떻게 우리 인간이 하나님을 다 알 수가 있습니까? 우리는 하나님께서 우리에게 알려 주시는 만큼만 알 수 있습니다. 그것을 가리켜서 '계시' 라고 합니다. '감추어진 것이 드러났다' 는 것이 계시입니다. 우리는 하나님께서 우리에게 계시해 준 만큼만 알 수 있습니다.

그런데 우리에게 주신 완전한 계시가 바로 하나님 말씀입니다. 우리는 말씀이 우리에게 가르쳐 주는 만큼만 알 수 있습니다. 이 말씀만 해도 우리는 다 감당할 수 없습니다. 우리가 다 감당하기에는 너무나 위대하고 크신 하나님의 축복과 은혜가 이 말씀 속에 있습니다. 그런데 이 말씀을 우리 인간의 머리로 알려고 하니 복잡해지는 것입니다.

여러분, 유치원에 들어가서 '가, 나, 다, 라' 를 처음 배우는 아이가 대학교 다니는 큰 형의 책을 읽을 수가 있습니까? 읽을 수 없습니다. 그것은 마치 우리들이 예수를 믿으면서 인간의 머리로 하나님을 알려고 하는 것과 똑같습니다. 그래서 신앙은 믿음으로 출발합니다. 그다음은 성령의 은혜로 깨달음을 받아 우리가 하나님의 영광을 위해 살아갈 수 있게 되는 것입니다.

그렇기 때문에 우리는 성령의 능력으로 강건해져야 합니다. 성령의 놀라운 역사로 삶의 전환점을 맞게 되기를 바랍니다. 이를 위해 우리는 성령의 은혜를 체험해야 합니다. 성령을 체험하게 되면 우리의 삶이 바뀌어집니다. 내 중심으로 살던 삶이 주님 중심의 삶으로 바뀌게 되고, 내 뜻과 내 고집으로 살던 삶이 나를 포기하고 하나님의 영광을 위해 사는 삶으로 바뀌어집니다. '나는 아무것도 아닙니다.' 라고 고백할 수 있는 유일한 근거가 어디 있습니까? 성령 충만에 있습니다. 진정한 신앙은 성령 충만이라는 하나님의 은혜를 받음으로써 출발하는 것입니다.

자녀가 잘되기 위한 지름길이 무엇입니까? 성령 충만 받는 것입니다. 여러분이 자녀들에게 다른 것을 아무리 잘해 주어도 성령 충만 받지 않으면 오히려 더 잘못될 수 있습니다. 아무리 좋은 음식을 먹고 좋은 옷을 입고 좋은 학원을 다녀도 성령 충만 받지 못하면 그것은 헛된 노력이 될 수 있습니다. 그렇기 때문에 먼저 아이가 영적으로 바로 서야 합니다. 성령으로 충만해야 합니다. 속사람이 성령의 능력으로 강건해져야 합니다. 그 모습 속에 주님의 영광이 나타나야 합니다.

성령이 임하면 우리가 날마다 새로워집니다. 고린도후서 4장 16절은 "**그러므로 우리가 낙심하지 아니하노니 우리의 겉사람은 낡아지나 우리의 속사람은 날로 새로워지도다**" 라고 말씀합니다.

우리의 속사람이 새로워지기를 원합니다. 어제보다 오늘이 더 새로워지고 영적으로 늘 강건하게 되기를 바랍니다. 신앙의 나이가 들면 들수록 영적으로 날마다 더 새로워져야 합니다. 더 새로워진다고 하는 것은 주님께로 더 가까이 나가는 것을 말합니다. 주님의 모습을 더 닮아 가는 것을 말합니다.

예수 믿은 지 10년이 지났는데도 아직도 옛 사람의 모습을 가지고 혈기를 부리고 남과 다투고 제 고집대로 산다면 아직 속사람이 강건해지지 못한 것입니다. 예수를 믿은 지 10년쯤 됐으면 영적으로 어른이 되어서 이제는 남을 용서하고 이해하고 품어 주고 양보해야 합니다. 우리 크리스천들이 '양보 문화' 를 만들어야 합니다.

특히 우리의 운전 문화가 양보 문화로 바뀌어야 합니다. 방향 지시등을 켜면 양보해 주기는커녕 오히려 못 들어오게 앞차에 더 바짝 붙이는 것이 우리 운전 문화의 현실입니다. 그때마다 저는 '저 속에 크리스천들이 없나?' 라는 생각이 들어 씁쓸해집니다. 사람들이 양보를 잘 안 해 주니까 더 밀고 들어가고 또 그러다 보니 접촉 사고가 납니다. 결국에는 차를 길에 세워 놓고 마구 소리를 지릅니다. 마치 평소에 쌓인 스트레스를 거기에 다 푸는 것 같습니다. 하지만 그러다 보면 스트레스가 없어지는 게 아니라 더 생깁니다. 하루 종일 기분 나빠서 씩씩거리게 됩니다.

미국에 가서 운전할 때 보면 방향 지시등을 켜면 뒷 차가 간격을 절대 좁히지 않습니다. 들어올 때까지 속도를 늦춰 줍니다. 이렇게 운전하는 사람들이 서로 양보해 주기 때문에 운전할 때 기분이 좋고 다투는 일이 없게 됩니다. 우리 크리스천들이 먼저 양보해야 합니다. 예수 믿는 사람, 성령의 사람들은 주님의 사랑으로 충만하여 베풀고 나누고 섬기고 양보하며 살아야 합니다.

2. 그리스도의 사랑으로 풍성하라

사도 바울의 두 번째 기도는 '그리스도의 사랑으로 풍성하라' 는 것입니다.

"믿음으로 말미암아 그리스도께서 너희 마음에 계시게 하시옵고 너희가 사랑 가운데서 뿌리가 박히고 터가 굳어져서 능히 모든 성도와 함께 지식에 넘치는 그리스도의 사랑을 알고"(엡 3:17-18).

우리의 신앙은 '믿음' 으로 출발해야 합니다. 17절을 보면 **"믿음으로 말미암아 그리스도께서 너희 마음에 계시게 하시옵고"** 라고 말씀합니다.

믿음이란 무엇입니까? 우리가 늘 믿음을 말하는데, 이 믿음의 핵심은 무엇입니까? 믿음의 핵심이요, 주제는 바로 '예수 그리스도' 입니다. 히브리서 12장 2절을 보면 **"믿음의 주요 또 온전하게 하시는 이인 예수를 바라보자"** 고 말씀했습니다.

'믿음의 주' 라는 표현이 영어로는 'the author of our faith' 입니다. 우리의 믿음의 저자, 우리의 믿음을 만들어 주시는 분, 우리 믿음의 창시자, 우리 믿음의 출발점이 바로 예수님이시라는 의미입니다. 또한 이 예수님은 우리의 믿음이 성장하여 완성에 이르도록 인도해 주시는 분이십니다.

그러므로 성령 받고 나면 그 마음 가운데 예수님이 살아 역사하셔서 예수님의 모습을 닮아 가고 믿음이 자라게 됩니다. 또한 예수님의 사랑으로 풍성하여져서 베풀고 나누며 사는 주님의 자녀가 되는 것입니다. 진짜 성령의 사람은 **믿음의 사람**이고, 동시에 **사랑의 사람**입니다. 우리는 진심으로 "주여, 내가 성령의 사람이 되게 하여 주옵소서. 믿음의 사람이 되게 하여 주옵소서. 사랑의 사람이 되게 하여 주옵소서."라고 소원해야 합니다.

찬송가에도 이런 표현이 있지 않습니까? "세상과 나는 간 곳 없고 구속한 주만 보이도다"(찬송가 204장). 파니 제인 크로스비(Fanny Jane Crosby)라는 앞을 못 보는 분이 있었습니다. 맹인인 이 성도님이 예수 믿고 나서 너무나 주님의 은혜에 감사해서 95세를 사는 동안 주옥같은 찬송가 9,000편을 지었습니다. 앞을 보지도 못하는데 어쩌면 그렇게 아름답고 은혜로운 찬송가를 지었는지! 이분은 성령의 역사하심이 느껴지는 감동적인 찬송을 지었습니다.

어떻게 그것이 가능했을까요? 그 마음 가운데 예수님이 오셨기 때문입니다. 비록 앞은 못 보지만 영의 눈은 뜨여져서 "세상과 나는 간 곳 없고 구속한 주만 보이도다"라고 고백할 수 있었던 것입니다. '나의 갈 길 다 가도록 예수 인도하시니'(찬송가 434장), '주의 음성을 내가 들으니 사랑하는 말일세'(찬송가 219장)와 같은 그분의 찬송을 다 살펴보면 정말 그 가사 하나하나가 마음 깊은 곳에서 우러나오는 신앙의 고백이요, 성령의 감동이요, 하나님을 향한 사랑인 것을 알 수 있습니다.

이와 같이 성령 받은 사람만이 그의 사랑으로 충만해서 믿음의 역사를 이룹니다. 믿음의 역사를 이루면 "믿음으로 말미암아 그리스도께서 너희 마음에 계시게 하시옵고"라는 말씀처럼 예수님이 나의 삶의 주가 되십니다. 예수님께서 나의 주님이 되신다는 것은 곧 '나는 주님의 심부름꾼입니다.'라는 뜻입니다.

심부름꾼들이 건방져서 자꾸 목에 힘주는 것이 문제입니다. 심부름꾼이 겸손하게 맡겨진 일에 충성하면 주인이 크게 복을 주십니다. 그런데 심부름꾼이 늘 건방져서 주님보다 더 목에 힘을 주고 다니니까 하나님께서 복을 안 주시는 것입니다. 제 말씀을 귀담아 들으시기 바랍니다. 혹여 목에 깁스한 분들 있으면 깁스 다 풀고 겸손하게 섬기시기 바랍니다.

하나님의 일꾼의 모습은 겸손입니다. 섬김의 모습을 보여야 합니다. 지난 설날에 평소 우리 조용기 목사님을 존경해 오신 명성교회 김삼환 목사님께서 교계의 지도자 여러 분과 함께 조 목사님께 세배를 오셨습니다. 조 목사님께서 "아이고, 그러시면 안 됩니다."라고 말리셔도 김 목사님은 "아닙니다. 우리 교계의 어르신이니까 인사드리러 온 것입니다."라고 말씀하시며 세배를 하셨습니다.

김 목사님께서 이번에 장로교 통합측 총회장 및 한국기독교교회협의회 대표회장이 되셨는데, 올해 사역의 목표가 '섬김' 입니다. 목사님은 "저는 섬기는 종입니다. 저는 대접받는데 익숙하지 않고 지금까지 섬기는 것을 늘 제 마음의 기쁨으로 알고 살아왔습니다."라고 말씀하셨습니다.

김 목사님이 총회장 되신 후 부족한 저를 부르셔서 제가 총회에서 말씀을 전했습니다. 그 교단은 전에 교리적 차이로 인해 우리에게 10년 동안 고통을 주었던 교단입니다. 그 총회에 가서 제가 말씀을 전하게 된 것에 대해 하나님께 감사했습니다. 그래서 말씀을 마무리할 때 이런 얘기를 덧붙였습니다. "한때 예장 통합측 교단과 순복음 교단 사이에 신학적 갈등이 있었지만, 오히려 이를 통해 말씀을 중시하는 장로교와 성령 사역을 중시하는 순복음의 전통이 어우러져 한국 교회의 부흥과 발전을 가져왔습니다. 한국 교회의 연합과 일치 활동이 계속하여 활발해지기를 바랍니다."

지금은 그분들이 조용기 목사님을 너무도 존경하고 좋아하십니다. 저를 만나는 분마다 "한국 교회가 큰 역사, 큰 부흥 운동을 하려면 우리 조 목사님이 계셔야 합니다."라고 말씀하셨습니다.

성령이 임하니 그 마음 가운데 주님을 향한 믿음이 들어오고, 주의 사랑이 넘쳐 나니 예수님의 섬김의 본을 닮아 가게 되는 것입니다. 사랑하는 여러분, 섬김의 삶을 살아가시기 바랍니다. 그래서 그리스도의 사랑이 우리 삶 가운데 충만히 임하게 되기를 주의 이름으로 축원합니다.

3. 하나님의 충만하신 것으로 충만하라

사랑이 우리 삶 가운데 넘쳐 날 때 우리에게 일어나는 역사는 '하나님의 충만하심' 입니다.

사도 바울은 에베소 성도들이 하나님의 충만으로 충만하도록 기도했습니다.

"그 너비와 길이와 높이와 깊이가 어떠함을 깨달아 하나님의 모든 충만하신 것으로 너희에게 충만하게 하시기를 구하노라"(엡 3:19).

놀라운 말씀입니다. 그 너비와 깊이와 높이와 길이가 어떠함을 깨달아 하나님의 모든 충만하신 것으로 충만하기를 원하노라! 하나님의 모든 충만하신 것을 담으려면 우리의 그릇이 커져야 합니다. 우리의 작은 그릇으로는 하나님의 충만하신 것을 다 담을 수 없습니다. 그렇기 때문에 우리의 믿음의 분량이 그만큼 커져야 합니다. **'무한대 성장'**을 해야 합니다.

믿음은 무한대 성장을 해야 합니다. 절대로 멈춰서는 안 됩니다. 우리의 신앙은 하늘나라 갈 때까지 **'중단 없는 전진'**을 해야 합니다. 우리는 하늘나라 갈 때까지 주님을 닮은 모습으로 일생을 다하여 하나님의 영광을 위해 살다가, 주님께서 오라고 부르시는 날 저 영원한 천국으로 갈 것입니다.

이 땅에 사는 삶은 잠시 지나가는 삶이지만, 저 천국의 삶은 영원토록 사는 삶입니다. 그 때문에 이 땅에 사는 동안 하늘나라 갈 준비를 많이 해 둬야 합니다. 열심히 기도하고 전도하고 하나님 보시기에 가장 아름다운 모습으로 살아감으로 하늘나라의 상급을 많이 쌓아 놓아야 합니다. 아무것도 없이 하늘나라 가면 영원한 세계에서 부끄럽지 않겠습니까?

물론 천국 가는 것만으로도 우리는 너무나 기쁘고 감사할 것입니다. 그 영원한 세계에서 영원토록 영광의 빛이신 주님과 함께 거하는 것만으로도 우리는 행복할 것입니다. 천국에서는 하나님의 영광의 빛이 얼마나 강한지 해나 달이나 등이나 전기가 필요 없습니다. 성경을 보면 **"그 성은 해나 달의 비침이 쓸데 없으니 이는 하나님의 영광이 비치고 어린 양이 그 등불이 되심이라"**(계 21:23)고 말씀합니다. 하나님 영광의 광채가 천국을 환하게 밝힌다는 것입니다.

그런데 천국에서는 각 사람의 광채가 다르다고 합니다. 성경은 **"해의 영광이 다르고 달의 영광이 다르며 별의 영광도 다른데 별과 별의 영광이 다르도다"**(고전 15:41)라고 말씀합니다. 영광의 빛이신 주님을 잘 섬긴 사람들의 모습은 더욱더 빛날 것입니다. 아마도 순교자들의 모습이 제일 빛날 것 같습니다. 거기에 가면 스데반 집사도 만날 터인데 그분은 찬란하게 빛이 날 것입니다. 돌에 맞아 찢긴 부위는 더욱더 광채가 날 것입니다. 주기철 목사님, 손양원 목사님, 김익두 목사님 등 많은 믿음의 조상들이 말할 수 없는 고문을 당하시고 순교하셨습니다.

그분들도 영광의 광채로 빛날 것입니다.

그러나 이 땅에 사는 동안 주님 뜻대로 살지 못하고 미워하고 다투며 주님 보시기에 부끄러운 모습으로 살다가 겨우 턱걸이해서 하늘나라 가신 분들은 변두리에 사실지도 모릅니다.

그러므로 이 땅에 사는 동안 무한대로 성장하며 중단 없는 믿음의 전진을 하시기 바랍니다. 일생 그리스도의 장성한 분량까지 계속 성장하시기를 바랍니다. 그리하여 무한대의 사랑, 무한대의 은혜, 무한대의 축복을 누리고 나누며 살다가 영광의 주님 곁에서 기쁨으로 "할렐루야!" 찬양을 드리게 되시기를 바랍니다.

골로새서 2장 3절에 **"그 안에는 지혜와 지식의 모든 보화가 감추어져 있느니라"**고 말씀합니다. 그러므로 "주님, 이제 제가 오늘 이후로 주님의 충만하신 것으로 충만하여서 정말 무한대 사랑의 사람이 되기를 원합니다. 베풀며 살기 원합니다. 나누며 살기 원합니다. 용서하며 살기 원합니다."라고 기도하는 여러분이 되시기를 원합니다.

우리는 용서하고 이해하고 베풀고 나누며 살아야 합니다. 하나님의 충만하신 것으로 충만해진 사람은 그렇게 살 수밖에 없습니다. 그것이 그리스도의 사람의 모습이요, 충만한 은혜를 받은 자의 모습입니다. 주님을 섬기는 사람들의 모습은 정말 아름다워야 합니다. 그래서 믿지 않는 사람들이 우리를 바라볼 때 '예수 믿는 사람은 이렇게 아름답구나! 나도 이들이 믿는 예수를 믿고 싶다.' 라는 생각이 들도록 해야 합니다. "당신도 예수 믿어?" 라는 얘기를 들으면 곤란하지 않겠습니까? 정말 여러분의 삶의 모습이 아름다워지게 되기를 바랍니다.

그러기 위해서는 노력해야 합니다. 여러분이 그리스도의 모습을 닮아 사랑이 충만한 모습으로 변화되면 여러분의 가정이 변화됩니다. 여러분의 자녀가 변화됩니다. 여러분의 이웃이 변화됩니다. 여러분의 사랑으로 말미암아 세상이 아름답게 변화되는 것입니다.

우리는 예수님을 닮은 **'작은 예수'** 가 되어야 합니다. 일찍이 토마스 아 켐피스(Thomas a Kempis)라고 하는 독일의 성직자는 〈그리스도를 본받아〉라는 책을 썼습니다. 즉, '예수 그리스도의 모습을 닮는 삶' 이라는 책입니다. 영어 제목은 'the Imitation of Christ' 인데, 'imitation' 이 '모조품' , '모형' 아닙니까? 말 그대로 예수님의 이미테이션, 예수님의 모형, 예수님을 그대로 닮는 사람이 되기를 원한다는 것이 이 책의 내용입니다. 우리의 삶이 그리스도를 본받는 삶, 예수 그리스도를 닮는 삶이 되기를 원합니다. 우리가 그리스도의 모형이 되기를 원합니다.

4. 영원히 하나님께 영광 돌리라

사도 바울은 마지막으로 에베소 성도들이 '영원히 하나님께 영광 돌리는 삶' 을 살도록 기도했습니다.

"우리 가운데서 역사하시는 능력대로 우리가 구하거나 생각하는 모든 것에 더 넘치도록 능히 하실 이에게 교회 안에서와 그리스도 예수 안에서 영광이 대대로 영원무궁하기를 원하노라"(엡 3:20-21).

우리 안에 역사하시는 하나님의 능력은 우리가 구하는 것이나 생각하는 것을 능가합니다. 하나님께서는 우리가 구하거나 생각하는 모든 것에 더 넘치도록 부어 주십니다. 하나님의 은혜는 이처럼 '풍성한 은혜' 입니다. 모자라지 않고 차고 넘치는 은혜입니다. 예수님께서는 "내가 온 것은 양으로 생명을 얻게 하고 더 풍성히 얻게 하려는 것이라"(요 10:10)고 말씀하셨습니다.

우리 한국 사람들을 보면 풍성한 은혜를 미리 알고 있는 것 같습니다. 흔히 '손이 크다' 고 하지 않습니까? 우리 한국 사람들은 음식을 할 때도 항상 풍성히 해서 다 먹고 남음이 있도록 합니다. 손님이 10명인데 20명분의 음식을 합니다. 먹고 좀 남아야지 다들 "아, 잘 먹었다." 고 말합니다. 조금만 모자라도 "왜 음식을 이렇게 했냐?" 고 말합니다. 음식을 풍성히 하는 것이 습관이 되어 있어서 그렇습니다.

제가 일본에 가 보니까 음식이 항상 모자라는 듯했습니다. 먹고 나서 보면 남은 음식이 하나도 없었습니다. 음식을 정량만 주기 때문입니다. 그런데 알고 보니 이것이 일본 사람의 습관이었습니다. 처음 일본에 갔을 때 식당에서 우동을 시켰는데 우동 한 그릇만 달랑 나오는 것이었습니다. 다른 반찬은 물론이고 단무지도 없었습니다. 그래서 "여보세요, 단무지 없습니까? 단무지 좀 갖다 주세요." 라고 말하니까 종이에 무언가를 적더니 나중에 단무지 값을 따로 받는 것이었습니다. 그래서인지 일본의 일반 식당에서는 음식이 남는 법이 없습니다.

반면에 우리는 음식이 풍성합니다. 어디를 가든지 종류도 다양한 여러 가지 반찬이 풍성히 차려져 있습니다. 또한 우리는 인심이 좋아서 배부른데도 "더 잡수세요." 하면서 자꾸 더

퍼 줍니다. 괜찮다고 해도 "더 드세요, 더 드세요."라고 자꾸 권합니다. 그래서 배가 불러 헉헉거려야 '아이고, 참 잘 먹었다.'는 생각을 합니다. 음식뿐만 아니라 우리의 영적 삶도 이렇게 풍성하기를 원합니다. 믿음이 충만하고 사랑이 충만하고 감사가 충만하시기를 바랍니다.

사도 바울은 끝으로 "**교회 안에서와 그리스도 예수 안에서 영광이 대대로 영원무궁하기를 원하노라**"(엡 3:21)고 말했습니다. 그는 에베소 교인들이 영원히 하나님께 영광 돌리기를 원했던 것입니다. 왜 '영원히' 입니까? 우리는 이 세상에서도 주님의 영광을 위해 살지만 하늘나라에 가서도 영원히 하나님을 위해 살 것이기 때문입니다.

사랑하는 여러분, 무엇보다도 성령의 은혜가 충만하시기를 바랍니다. 성령의 사람이 되시기를 바랍니다. 기도의 사람이 되시기를 바랍니다. 사랑의 사람이 되시기를 바랍니다. 믿음의 사람이 되시기를 바랍니다. 그렇게 될 때 하나님께서 여러분을 통하여서 영광 받으시고 큰 역사를 나타내 주실 것입니다.

일곱째 광주리

교회의 축복

"교회의 부흥은 하나 됨을 통하여"

*

몸이 하나요 성령도 한 분이시니 이와 같이
너희가 부르심의 한 소망 안에서 부르심을 받았느니라
(엡 4:4)

엡 4:1-16

EPHESIANS

그러므로 주 안에서 갇힌 내가 너희를 권하노니 너희가 부르심을 받은 일에 합당하게 행하여 모든 겸손과 온유로 하고 오래 참음으로 사랑 가운데서 서로 용납하고 평안의 매는 줄로 성령이 하나 되게 하신 것을 힘써 지키라 몸이 하나요 성령도 한 분이시니 이와 같이 너희가 부르심의 한 소망 안에서 부르심을 받았느니라 주도 한 분이시요 믿음도 하나요 침례도 하나요 하나님도 한 분이시니 곧 만유의 아버지시라 만유 위에 계시고 만유를 통일하시고 만유 가운데 계시도다 우리 각 사람에게 그리스도의 선물의 분량대로 은혜를 주셨나니 그러므로 이르기를 그가 위로 올라가실 때에 사로잡혔던 자들을 사로잡으시고 사람들에게 선물을 주셨다 하였도다 올라가셨다 하였은즉 땅 아래 낮은 곳으로 내리셨던 것이 아니면 무엇이냐 내리셨던 그가 곧 모든 하늘 위에 오르신 자니 이는 만물을 충만하게 하려 하심이라 그가 어떤 사람은 사도로, 어떤 사람은 선지자로, 어떤 사람은 복음 전하는 자로, 어떤 사람은 목사와 교사로 삼으셨으니 이는 성도를 온전하게 하여 봉사의 일을 하게 하며 그리스도의 몸을 세우려 하심이라 우리가 다 하나님의 아들을 믿는 것과 아는 일에 하나가 되어 온전한 사람을 이루어 그리스도의 장성한 분량이 충만한 데까지 이르리니 이는 우리가 이제부터 어린 아이가 되지 아니하여 사람의 속임수와 간사한 유혹에 빠져 온갖 교훈의 풍조에 밀려 요동하지 않게 하려 함이라 오직 사랑 안에서 참된 것을 하여 범사에 그에게까지 자랄지라 그는 머리니 곧 그리스도라 그에게서 온 몸이 각 마디를 통하여 도움을 받음으로 연결되고 결합되어 각 지체의 분량대로 역사하여 그 몸을 자라게 하며 사랑 안에서 스스로 세우느니라 에베소서 4장에서 바울은 교회가 하나 되어야 함을 강조하면서 그 하나 됨(일치)의 원리로 섬김의 삶과 모습을 가르쳐 주고 있습니다. 하나님의 영광을 위해 부르심을 받은 우리는 성령이 하나 되게 하신 것을 힘써 지켜야 합니다. 이는 쉬운 일이 아닙니다. 부부 간, 부모 자식 간에도 온전히 하나 되기는 힘듭니다. 하물며 삶의 배경도 다르고, 성격과 개성도 천차만별인 사람들로 구성된 교회가 하나 된다는 것은 참으로 어려운 일입니다. 하지만 우리는 성경의 가르침을 따라 하나 됨을 힘써 지켜야 합니다. 그렇다면 어떻게 해야 교회가 하나 될 수 있습니까? 그 길을 알아 보고자 합니다.

1. 하나 됨의 자세

교회가 하나 되기 위해서는 부르심에 합당한 삶을 살아야 합니다. 본문 4장 1절을 보면 **"그러므로 주 안에서 갇힌 내가 너희를 권하노니 너희가 부르심을 받은 일에 합당하게 행하여"** 라고 말씀하고 있습니다. 지금 사도 바울은 어디에 있습니까? 그는 복음을 전파하다가 박해를 당해 감옥에 갇혀 있습니다. 그는 복음을 전할 수 없는 이러한 상황 속에서도 에베소 교인들에게 권면하는 편지를 쓰고 있습니다. 사도 바울은 자신이 어디에 있든지 주님이 함께하신다는 것을 믿고 확신했기 때문에 비록 감옥에 있을지라도 담대하게 주의 복음을 전하는 데 최선을 다했습니다. 몸은 구속되어 있었지만 복음의 역사는 감옥에 가두어 놓을 수 없었던 것입니다.

'부르심을 받은 일에 합당하게 행하라' 는 것은 우리 각 사람이 예수 그리스도로 인하여 하나님의 백성이 되었으니 그 불러 주신 목적에 합당하게 살아가라는 것입니다. 즉, 하나님 보시기에 부끄럽지 않은 삶, 하나님을 기쁘시게 해 드리고 하나님으로부터 인정받는 삶을 살아야 한다는 것을 의미합니다.

우리는 늘 '**하나님 앞에서**'(Coram Deo)의 의식을 가지고 살아야 합니다. 이러한 자세로 살면 우리는 하나님의 부르심에 합당한 삶을 살아갈 수 있습니다. 하나님 앞에 선 나 자신의 모습을 늘 살펴본다면 하루에도 몇 번씩 화를 내거나 게으름을 피우거나 주님 보시기에 합당하지 않은 일은 하지 않을 것입니다.

그러면 우리는 이러한 의식을 갖고 구체적으로 어떻게 살아야 할까요? 4장 2절부터 3절을 보면 "**모든 겸손과 온유로 하고 오래 참음으로 사랑 가운데서 서로 용납하고 평안의 매는 줄로 성령이 하나 되게 하신 것을 힘써 지키라**"고 말씀합니다.

'**겸손**'은 우리 마음의 자세가 늘 주님 앞에서 낮아지고 남을 나보다 낫게 여기는 마음입니다. 문제는 종종 우월의식에서 비롯된 갈등에서 생겨납니다. '내가 저 사람보다 훨씬 나은데 왜 사람들은 나를 더 인정해 주지 않는가?', '왜 저 사람은 나를 보고 먼저 인사하지 않는가?' 이러한 생각들이 마음을 불편하게 만들고 갈등을 야기시킵니다. 교회에서도 마찬가지입니다. 늘 남을 섬기는 마음으로 먼저 "할렐루야!" 하며 인사하면 좋을 텐데, 상대방이 먼저 인사를 안 하면 건방지다며 험담을 하고 이것이 돌고 돌아 사람들의 입에 오르내려 결국 교회가 하나 되지 못하는 모습을 보이곤 합니다. 그러므로 교회가 하나 되기 위해서 우리는 벼가 익을수록 고개를 숙이듯이 더욱더 겸손해야 할 것입니다.

낮아진 마음의 자세가 겸손이라면, '온유' 는 겸손이 삶에서 표현되는 모습이라 하겠습니다. 온유는 따뜻하고 부드러운 모습을 말합니다. 간혹 신경질적인 태도를 보이며 다른 사람들을 불편하게 만드는 사람들이 있습니다. 그러나 예수 믿는 사람들은 그러한 불편함을 이웃에게 주지 말아야 합니다. 그러기 위해서 우리는 늘 온유한 모습으로 하나님께 순종하고 이웃의 허물을 덮어 주는 삶을 살아야 합니다.

겸손과 온유함은 바로 예수님의 모습입니다. 예수님께서는 "나는 마음이 온유하고 겸손하니 나의 멍에를 메고 내게 배우라"(마 11:29)고 말씀하셨습니다. 그러므로 예수를 믿고 따르는 우리들은 늘 겸손과 온유함으로 예수님의 모습을 본받아야 합니다.

'오래 참음' 은 마음을 잘 다스리는 것을 말합니다. 대부분 참지 못해서 문제가 생깁니다. 특히 우리나라 사람들은 성격이 매우 급합니다. 무엇을 해도 '빨리빨리' 가 입에 붙어 있을 정도입니다. 그러나 성경은 "오래 참음으로 사랑 가운데서 서로 용납하고"(엡 4:2)라고 말씀합니다.

'용납'은 남을 이해하는 것을 의미합니다. 다른 사람의 입장을 이해하고 공감하라는 것입니다. '이해하다'는 영어로 'understand'인데, 어원을 살펴보면 이는 '아래에(under) 서다(stand)'라는 뜻입니다. 내가 낮아져서 상대방의 입장에 설 때 그 사람을 이해할 수 있습니다. 용납은 또한 짐을 같이 나누어 지는 것을 의미합니다. 하나님께서 우리의 죄를 오래 참으시고 용납하신 것처럼, 우리도 이웃에 대해 오래 참고 사랑으로 이해하고 짐을 함께 나누어 져야 합니다. 이렇게 할 때 성령께서 우리 마음 가운데 평안함을 주시고, 그 평안과 기쁨으로 하나 되는 역사를 이루십니다.

어느 전쟁터에서 병사들이 며칠째 싸우다 보니 지치고 목이 말라 애타게 물을 찾았습니다. 그런데 물은 한 통밖에 남아 있지 않았습니다. 군대에서는 계급순이므로 그 물통은 진두지휘하는 소대장에게 건네졌습니다. 소대장은 물통을 받아 들어 꿀꺽꿀꺽 소리를 내며 물을 마신 후 다른 병사에게 그 물통을 건넸습니다. 그런데 이 병사가 물을 마시려고 보니 물통의 물은 조금도 줄어 있지 않았습니다. 소대장은 먹는 시늉만 하고 물통을 부하에게 준 것입니다. 이것을 받아 든 병사는 소대장처럼 소리를 내며 맛있게 물을 마시는 시늉만 하였고 물통은 다음 병사에게 전해졌습니다. 이 물통은 모든 소대원들에게 차례로 전해져서 모두 갈증을 해소할 수 있었습니다. 하지만 물은 거의 그대로였습니다. 그들의 갈증을 해소한 것은 물이 아니라 뜨거운 동료애였습니다. 이것이 서로를 용납하는 모습입니다. 어려움 속에서도 고통을 함께 나누며 사랑 가운데 자신을 양보하고 헌신하는 삶, 이것이 그리스도인이 행해야 할 삶이며 교회가 하나 되는 길입니다.

이러한 역사는 성령이 도우셔야 합니다. 4장 3절을 다시 보면 **"평안의 매는 줄로 성령이 하나 되게 하신 것을 힘써 지키라"** 고 했습니다. 교회의 하나 됨은 오직 성령께서 일하실 때 가능합니다. 그리스도인의 하나 됨은 성령의 사역이기 때문입니다. 마귀의 사역은 분열시키는 것입니다. 마귀는 하나님과 인간 사이를 분열시키고 인간과 인간 사이를 분열시킵니다. 아담과 하와를 죄짓게 하여 하나님과의 관계를 분열시킨 마귀는 형 가인이 동생 아벨을 미워하게 만들어 돌로 쳐 죽이게 했습니다. 분열, 미움, 갈등, 대립은 마귀의 역사입니다. 그러나 성령의 역사는 갈라진 것들을 하나 되게 합니다. 성령은 하나님과 우리를 하나 되게 하시고, 믿는 성도들을 하나 되게 하시고, 교회를 하나 되게 하십니다.

2. 교회가 하나 되어야 하는 이유

교회가 하나 되어야 하는 이유는 무엇입니까? 교회는 **'예수 그리스도의 몸'** 이기 때문입니다. 4장 4절 상반절을 보면 **"몸이 하나요 성령도** 한 **분이시니"** 라고 기록되어 있습니다. 여기서 '몸' 이란 예수 그리스도의 몸을 말합니다. 예수 믿는 성도는 모두 그리스도의 몸에 접붙임을 받은 지체이므로 다 한 몸에 붙어 있습니다. 또한 우리가 그리스도 안에 속하여 있기 때문에 하나님의 성령으로 생명을 공급받고 있습니다. 즉, 예수를 믿는 성도들은 한 성령에 의해 결합된 하나의 몸에 속해 있는 것입니다.

4장 4절 하반절을 보면 **"이와 같이 너희**가 **부르심의** 한 **소망 안에서 부르심을 받았느니라"**고 말씀합니다. **'부르심의 한 소망'** 이란 영원한 생명을 얻는 소망을 말합니다. 즉, 모든 성도들은 장차 천국에서 영원토록 우리 주님과 함께 영생한다는 한 소망 안에서 부르심을 받았다는 것입니다. 천국은 사망이나 애통하는 것이나 곡하는 것이나 아픈 것이 없고(계 21:4), 하나님의 은혜와 기쁨과 사랑이 충만한 곳입니다. 우리 믿는 성도들은 육신을 벗는 날 영원한 천국에서 영원히 기쁨을 누리며 살게 될 것입니다. 한 소망을 가지고 하나가 되어 열심히 주의 일을 하다가, 주님이 부르시면 천국에서 기쁨을 영원토록 누리는 우리 모두가 됩시다.

본문 4장 5절부터 6절을 보면 "주도 한 분이시요 믿음도 하나요 침례도 하나요 하나님도 한 분이시니 곧 만유의 아버지시라 만유 위에 계시고 만유를 통일하시고 만유 가운데 계시도다" 라고 말씀합니다. 교회는 마치 오케스트라와 같습니다. 오케스트라를 보십시오. 여기에는 트럼펫, 바이올린, 클라리넷, 오보에, 첼로, 팀파니 등 여러 가지 악기가 있습니다. 저마다 각자의 위치에서 다른 소리를 내지만 조화를 이루어서 아름다운 하모니를 이룹니다. 교회도 마찬가지입니다. 각 성도가 자신에게 맡겨진 곳에서 사명감을 갖고 열심히 헌신할 때 교회 전체가 아름다운 하모니를 이루게 되고 하나님께 영광 돌리게 되는 것입니다.

3. 섬김의 직분

본문 4장 11절을 보면 "그가 어떤 사람은 사도로, 어떤 사람은 선지자로, 어떤 사람은 복음 전하는 자로, 어떤 사람은 목사와 교사로 삼으셨으니" 라고 말씀하고 있습니다. 주님은 각 성도에게 특별한 목적과 직분을 부여하여 어떤 사람은 사도로, 어떤 사람은 선지자로, 어떤 사람은 복음 전하는 자로, 어떤 사람은 목사와 교사로 삼으셨습니다.

'사도' 는 '보내심을 받았다' 라는 뜻입니다. 즉, 보내심을 받은 사람을 가리켜 사도라고 말합니다. 영적으로 보면 우리 모두는 사도입니다. 우리는 하나님께로부터 그의 영광을 위해 주의 복음을 전하라고 보내심을 받은 사람들입니다. 사도는 '대사' (大使)라는 말과 비슷합니다. 대사는 그 나라를 대표하여 다른 나라에 파견됩니다. 우리 한 사람 한 사람은 모두 하나님 나라의 대사들입니다. 그래서 우리가 가는 곳마다 예수 그리스도의 복음을 전하며 하나님의 영광을 나타내야 하는 것입니다.

'선지자' 는 하나님 말씀의 대언자입니다. 가는 곳마다 하나님 말씀을 대언하고 말씀을 선포하는 사람들입니다.

'복음 전하는 자' 는 하나님의 복음의 진리를 전파하는 자로서 오늘날의 부흥사와 비슷합니다. 이들은 한곳에 머물러서 사역하기보다는 여러 지역을 다니며 성회를 인도하는 사람들입니다.

'목사'는 목자의 개념입니다. 양을 돌보는 것처럼 성도를 잘 돌보는 것이 목사의 사명입니다.

'교사'는 가르치는 사람입니다. 가르침의 은사가 있는 사람은 말씀을 잘 가르쳐 다른 사람들에게 깨달음과 은혜를 줍니다.

이렇게 교회 내에는 각각의 다양한 직분이 있습니다. 이 직분들은 자신을 드러내라고 주신 것이 아니라 섬김을 목적으로 주신 것임을 잊지 말아야 하겠습니다.

4. 섬김의 목적

하나님께서 각 사람에게 각각 적당한 직분을 주셔서 섬기게 하신 데에는 목적이 있습니다. 4장 12절을 보면 **"이는 성도를 온전하게 하여 봉사의 일을 하게 하며 그리스도의 몸을 세우려 하심이라"**고 기록되어 있습니다. 첫 번째 목적은 성도들을 **온전하게 하기 위함**입니다. 성도들을 온전하게 한다는 것은 성도들을 바르게 세운다는 의미로, 그리스도의 성품을 닮아 가게 한다는 것입니다. 섬김의 직분을 받은 사람들은 처음 예수를 구주로 영접한 초신자들이 바른 믿음을 가지고 성장할 수 있도록 보살피고 세워 주며 도와주어야 합니다. 그런데 종종 먼저 믿은 사람이 나중 믿은 사람의 걸림돌이 되는 경우가 있습니다. 그러므로 우리는 늘 기도할 때 "제가 걸림돌이 되지 않게 하시고, 다른 지체들을 세우고 변화시키고 믿음을 성장하게 하고 예수님을 닮아 가게 하는 데 쓰임 받는 도구가 되게 하여 주옵소서."라고 기도해야 합니다.

직분을 주셔서 섬기게 하는 두 번째 목적은 성도들이 **봉사의 일을 하게 하기 위함**입니다. 교회의 일에 열심히 봉사하며 섬길 때 은혜가 있고 축복이 임합니다. 예수님께서는 일생을 섬김의 본을 보여 주셨을 뿐만 아니라 잡히시기 전날 밤에도 제자들의 발을 씻어 주시면서 **"내가 주와 또는 선생이 되어 너희 발을 씻었으니 너희도 서로 발을 씻어 주는 것이 옳으니라 내가 너희에게 행한 것 같이 너희도 행하게 하려 하여 본을 보였노라"**(요 13:14-15)고 말씀하셨습니다. 섬기는 본을 보이신 예수님을 따라 섬김의 삶을 살기로 결단하는 우리가 되어야겠습니다. 내게 맡겨진 일이 무엇이든지 간에 기쁨과 감사함으로 섬길 때 하나님께서 범사에 복을 내려 주십니다.

제가 미국에서 사역할 당시 교회를 짓느라 성도들이 건축 헌금을 드리던 때였습니다. 어느 날, 한 여집사님이 사무실로 저를 찾아왔습니다. 그 집사님은 "목사님, 저희 집이 너무 힘들어서 건축 헌금을 못했습니다."라며 눈물을 뚝뚝 흘렸습니다.

그분의 남편은 직장을 한곳에 오래 있지 못하고 자주 옮겨 다니며 그만두기를 반복하였기 때문에 생활이 늘 불안정했습니다. 그래서 집사님의 고생이 이만저만이 아니었고 몸도 많이 약해서 며칠씩 앓아눕는 일이 많았지만 정기적인 소득이 없었기에 약값이며 치료비 마련이 여의치 않았습니다. 그러니 건축 헌금을 드리고 싶어도 드릴 수 없는 형편이었습니다.

집사님은 이러한 상황을 너무나 마음 아파하면서 다음과 같은 내용의 편지 한 통을 제게 주었습니다.

"목사님, 기도해 주세요. 제가 헌금은 못 내지만 교회가 지어지면 1년 동안 교회 화장실 청소를 맡아 하겠습니다."

저는 집사님의 아름다운 마음에 감동을 받고 간절히 기도해 드렸습니다. 그러고 나서 새 교회가 건축되었고 첫 번째 토요일이 되었습니다.

새벽예배를 마치고 가는데 화장실 쪽에서 찬송 소리가 울려 나왔습니다. 그 집사님이 큰 소리로 찬송하며 화장실을 청소하기 시작한 것입니다. 교회가 새로 지어져서 화장실도 위아래로 여러 군데 있었는데 집사님은 곳곳을 다니며 열심히 청소했습니다. 주일 아침에 와서 화장실에 가 보면 화장실이 반짝반짝했습니다. 이분이 얼마나 화장실을 깨끗하게 닦았는지 성도들도 다 내 집 화장실을 사용하듯 깨끗하게 화장실을 사용하였습니다. 집사님은 눈이 오나 비가 오나 추우나 더우나 한 주도 빠짐없이 매주 토요일이면 교회에 나와 화장실 청소를 했고, 언제부터인가는 집사님의 수고를 알게 된 여집사님 몇 분이 함께 나와 이 일을 도왔습니다. 원래 몸이 많이 약해 한 달의 절반 정도는 누워 있어야 했던 집사님이 화장실 청소를 하면서 몸도 건강해지기 시작했습니다.

이렇게 1년이 지나갔습니다. 집사님은 화장실 청소를 작정한 지 1년이 지났으므로 이제 이 일을 내려놓기로 마음먹었습니다. 그런데 토요일 아침이 되니 성령께서 마음속에 "너 지금 뭐하고 있느냐?" 라고 말씀하시더랍니다. 그래서 1년이 지난 후에도 집사님은 계속 토요일 아침이면 교회에 나와 화장실 청소를 했습니다. 그 후에 집사님의 남편도 직장을 얻어 생활이 안정되게 되었고, 자녀들도 많은 축복을 받아 잘 성장하였습니다.

비록 물질은 없을지라도 자신이 할 수 있는 헌신을 통해 하나님께 사랑과 정성을 드리는 것, 이것이 섬김입니다. 이렇게 섬길 때 하나님께서 우리를 통해 영광 받으시고, 주님의 몸 된 교회가 굳건히 서게 되고, 하나님의 은혜가 임하게 됩니다. 우리는 피곤하고 지치고 어려움이 있을지라도 주님의 자녀로서 우리 일생이 다 가도록 기쁨과 감사함으로 하나님과 이웃을 위해 봉사하고 섬겨야 합니다. 섬기는 가운데 때로 시험에 들기도 하고 넘어지기도 합니다. 그러나 그때마다 다시 일어서면서 우리의 믿음은 더욱 성장하게 됩니다. 온실에 있는 화초는 찬 바람이 부는 곳에 꺼내 놓으면 금방 죽어 버리지만, 찬 바람을 맞으며 자란 화초는 어떤 환경에도 굳건히 서서 모든 어려움을 이겨 냅니다. 이처럼 여러분들도 지금의 신앙에 안주하지 말고 섬김의 실천을 통해 몸 된 교회를 굳건히 세우고 하나님께 영광 돌리는 주님의 귀한 자녀가 되시기를 간절히 축원합니다.

여덟째 광주리

새 사람의 모습

*

오직 너희의 심령이 새롭게 되어
하나님을 따라 의와
진리의 거룩함으로 지으심을 받은 새 사람을 입으라
(엡 4:23-24)

엡 4:17-32

EPHESIANS

그러므로 내가 이것을 말하며 주 안에서 증언하노니 이제부터 너희는 이방인이 그 마음의 허망한 것으로 행함 같이 행하지 말라 그들의 총명이 어두워지고 그들 가운데 있는 무지함과 그들의 마음이 굳어짐으로 말미암아 하나님의 생명에서 떠나 있도다 그들이 감각 없는 자가 되어 자신을 방탕에 방임하여 모든 더러운 것을 욕심으로 행하되 오직 너희는 그리스도를 그같이 배우지 아니하였느니라 진리가 예수 안에 있는 것 같이 너희가 참으로 그에게서 듣고 또한 그 안에서 가르침을 받았을진대 너희는 유혹의 욕심을 따라 썩어져 가는 구습을 따르는 옛 사람을 벗어 버리고 오직 너희의 심령이 새롭게 되어 하나님을 따라 의와 진리의 거룩함으로 지으심을 받은 새 사람을 입으라 그런즉 거짓을 버리고 각각 그 이웃과 더불어 참된 것을 말하라 이는 우리가 서로 지체가 됨이라 분을 내어도 죄를 짓지 말며 해가 지도록 분을 품지 말고 마귀에게 틈을 주지 말라 도둑질하는 자는 다시 도둑질하지 말고 돌이켜 가난한 자에게 구제할 수 있도록 자기 손으로 수고하여 선한 일을 하라 무릇 더러운 말은 너희 입 밖에도 내지 말고 오직 덕을 세우는 데 소용되는 대로 선한 말을 하여 듣는 자들에게 은혜를 끼치게 하라 하나님의 성령을 근심하게 하지 말라 그 안에서 너희가 구원의 날까지 인치심을 받았느니라 너희는 모든 악독과 노함과 분냄과 떠드는 것과 비방하는 것을 모든 악의와 함께 버리고 서로 친절하게 하며 불쌍히 여기며 서로 용서하기를 하나님이 그리스도 안에서 너희를 용서하심과 같이 하라 에베소서 4장 17절 이하에는 구원받은 그리스도인들의 삶의 원리, 즉 예수를 구주로 믿고 난 후에 우리가 어떠한 삶을 살아야 하는지를 가르쳐 주고 있습니다. 결론부터 말씀드리면 '옛 사람을 버리고 새 사람을 입으라!' 는 것입니다.

예수를 믿는 순간부터 우리 안에 갈등이 시작됩니다. 그 전에는 마귀의 노예였으므로 죄짓고 불의하고 방탕하며 양심이 마비된 채로 살았습니다. 거짓말하고, 남을 욕하고 모함하며, 자기 유익을 따라 살았습니다. 그런데 예수님을 믿고 성령께서 내 마음에 오시면, 내 양심을 통해 성령께서 슬퍼하시고 책망하신다는 것을 깨닫게 됩니다. 그러므로 쉽게 거짓말하던 사람이 거짓말하지 못하게 되고, 혈기를 부리고 자기 성질대로 살던 사람이 함부로 살지 못하게 됩니다.

양심은 우리 자신을 들여다보는 거울과 같습니다. 예수를 믿기 전까지는 죄로 인해 양심이 마비가 되어 우리 자신을 잘 들여다볼 수 없었습니다. 거울에 때가 잔뜩 끼어서 우리의 모습을 투명하게 볼 수 없었던 것입니다.

그러나 이제 우리는 예수님을 믿고 난 후 우리의 신분이 바뀌었다는 사실을 알아야 합니다. 이렇게 고백하십시오.

"나는 택함 받은 자녀입니다. 복 받은 하나님의 자녀입니다. 내 마음속에 예수님이 계십니다. 예수님이 내 삶의 주인이 되십니다."

예수를 믿기 전에는 내가 내 삶의 주인이었고 마귀의 노예가 되어 살았습니다. 그러나 예수 믿고 난 후로는 예수님 한 분만으로 만족한 새 사람으로 바뀌었습니다.

그런데 육신을 입고 사는 우리가 예수를 믿는 순간 갑자기 온전한 새 사람으로 변화되는 것은 아닙니다. 옛 사람과 새 사람은 끊임없이 서로 충돌합니다. 우리가 기도 많이 하고 늘 말씀을 묵상하며 말씀의 인도함을 따라 살면 옛 사람이 내 속에서 잘 나타나지 않습니다. 성령께서 옛 사람을 눌러 역사하지 못하게 나를 주장하시기 때문입니다. 그러므로 성령 충만 할 때 우리는 새 사람을 입은 모습으로, 변화 받은 하나님의 자녀로 살아가게 됩니다. 하지만 세상 떠날 때까지 우리의 육신은 죄의 종이었던 옛 모습으로 돌아가도록 우리를 잡아당깁니다. 그러므로 우리는 과거의 옛 모습으로 돌아가지 말고 새 사람의 모습인 미래를 향하도록 늘 깨어 있어야 합니다.

미래는 오늘 속에 포함되어 있습니다. 지금 이 순간에도 미래는 들어오고 과거는 흘러갑니다. 믿음의 사람이 되어야 한다는 것은 미래를 오늘 속에 포함해서 사는 것을 말합니다. 즉, 오늘 기뻐하고 감사하면 미래가 밝아집니다. 오늘 최선을 다하여 하나님의 영광을 위해 헌신하면 우리의 미래 속에 하나님의 큰 상급이 있습니다. 오늘 속에 미래를 창조해 내는 것입니다. 거룩한 꿈을 가지고 긍정적인 말과 생각과 믿음으로 나아갈 때 하나님의 축복이 임하게 됩니다. 그러므로 오늘은 내일을 창조하는 축복의 날이라는 것을 잊지 마시기 바랍니다. 결국 오늘이 바로 내일입니다. 오늘 거룩한 꿈을 품고 나아가면 이것이 내일을 만드는 것입니다. 그렇다면 우리가 과거의 모습에서 벗어나 미래의 새 사람이 되기 위해 무엇을 먼저 해야 할 것인지 알아보겠습니다.

1. 새 사람이 버릴 것 : 옛 사람의 모습

우리는 새 사람이 되어서 옛 사람의 모습을 버려야 합니다. 성경은 옛 사람은 어떤 모습이며 구체적으로 우리가 어떤 것을 버려야 하는지 알려 주고 있습니다.

첫째로, 옛 사람의 모습은 **방탕한 삶**을 사는 것입니다. 4장 19절 말씀을 보면 **"그들이 감각 없는 자가 되어 자신을 방탕에 방임하여 모든 더러운 것을 욕심으로 행하되"** 라고 했습니다. 이는 양심, 즉 마음의 거울이 마비되어 죄에 대한 가책이나 아픔을 전혀 느끼지 못하고 육신의 쾌락을 따라 사는 인생을 말합니다.

육신의 쾌락은 잠시 있다 사라지는 것입니다. 그 후에는 깊은 공허만이 남습니다. 이 세상의 쾌락은 만족함이 없습니다. 왜냐하면 우리는 영적인 존재이기 때문입니다. 이 세상의 쾌락으로 육신은 잠시 만족할 수 있어도 우리의 영은 만족하지 못합니다. 성령으로 충만할 때만이 우리에게 참된 기쁨이 있습니다.

둘째로, 옛 사람의 모습은 **유혹의 욕심**을 따르는 것입니다. 22절을 보면 **"너희는 유혹의 욕심을 따라 썩어져 가는 구습을**

따르는 옛 사람을 벗어 버리고" 라고 말씀하고 있습니다. 우리가 일생을 살아가는 동안 여러 가지 시험이 다가옵니다. 시험은 두 가지 종류가 있습니다. 하나는 우리를 테스트하기 위한 시험입니다. 이러한 시험은 우리를 성장시키는 것이므로 우리에게 유익합니다. 또 하나의 시험은 유혹입니다. 주기도문을 보면 "우리를 **시험에 들게 하지 마시옵고"**(마 6:13)라고 했는데 여기서 '시험' 은 '유혹' 을 말합니다. 우리를 테스트하기 위한 시험은 믿음으로 잘 감당하여 이겨야 하지만, 유혹은 피해야 합니다.

요셉은 보디발의 집의 가정 총무가 되었습니다. 그런데 보디발의 아내가 젊은 요셉을 자꾸 유혹했습니다. 그때마다 요셉은 단호하게 거절했습니다. 그러던 어느 날 요셉이 보디발의 집에 들어갔는데 그때 마침 집 안에는 아무도 없었고 보디발의 아내만 혼자 있었습니다. 그 여인은 요셉을 보자 그에게 매달렸습니다. 천하장사도 여인의 유혹을 뿌리치기는 힘든 일입니다. 삼손을 보십시오. 삼손은 힘센 장사였지만 들릴라라는 여인의 무릎에 무너지고 말았습니다. 그러나 요셉은 그의 옷자락을 붙들고 늘어지는 여인을 뿌리치다가 결국 자기 옷을 그 여자의 손에 남겨둔 채 집 밖으로 도망쳐 나왔습니다. 이렇게 요셉은 유혹의 자리에 머물지 않고 주저없이 그 자리를 피했습니다

다. 그는 남겨진 옷 때문에 억울한 누명을 쓰고 감옥에 갔지만 결국 하나님께서는 그를 애굽의 총리가 되게 하여 꿈을 이루게 하셨습니다.

22절을 보면 '유혹의 욕심을 따라' 라고 했습니다. 욕심은 탐심입니다. 고린도전서 5장 10절을 보면 '탐하는 자' 라고 나와 있는데, 이 말의 헬라어 원어의 뜻은 '저주받은 소유욕을 가진 자' 입니다. 자신의 욕망을 위해 몸부림치는 것이 탐심입니다. 하와가 왜 타락했습니까? 유혹의 욕심에 빠졌기 때문입니다. 하나님께서 먹지 말라고 명령하신 선악과를 자꾸 쳐다보며 "저것을 먹으면 눈이 밝아져서 하나님처럼 된다는데……." 하며 밤낮 침을 삼키다가 결국 유혹의 욕심에 빠져 타락해 버리고 말았습니다.

그러므로 예수를 믿은 후에 우리는 유혹의 욕심을 따라 썩어져 가는 옛 습관들, 즉 거짓과 분노와 도둑질과 더러운 말과 악한 모습을 버려야 합니다. 이렇게 그리스도 안에서 변화된 모습으로 살아갈 때 그리스도인의 공동체가 아름다워집니다. 교회에 문제가 생기는 이유는 아직 옛 사람의 모습을 벗어 버리지 못한 성도들이 모여 공동체를 이루기 때문입니다. 신앙생활을 하면서도 옛 사람의 모습으로 자기주장을 하고 혈기를 부리고 다투기 때문입니다. 이러한 문제들이 교회에 어려움을 가져다 줍니다. 교회 내의 모든 다툼은 옛 사람의 모습에서 나옵니다. 성경은 "**성령이 하나 되게 하신 것을 힘써 지키라**"(엡 4:3)고 했습니다. 이유를 막론하고 교회에서 큰 소리가 나고 다투고 싸우는 것은 하나님의 뜻이 아닙니다. 옛 사람의 모습입니다. 우리는 변화된 새 사람의 모습으로 하나님의 영광을 나타내야 합니다.

2. 새 사람의 모습

그렇다면 새 사람은 어떤 모습입니까?

첫째로, 새 사람의 모습은 **심령이 새롭게 되는 것**을 말합니다. 4장 23절을 보면 "**오직 너희의 심령이 새롭게 되어**"라고 말씀합니다. 심령이 어떻게 새롭게 됩니까? 예수님의 보혈만이 우리의 죄를 씻고 새롭게 할 수 있습니다. 보혈을 믿고 의지할 때 성령께서 우리의 심령을 변화시켜 주시고 새롭게 하십니다. 새 사람을 가리켜서 영의 사람이라 하고, 옛 사람을 가리켜서 육의 사람이라고 합니다. 우리는 영의 사람이 되어 날마다 새로워져야 합니다. 영의 사람이 되기 위해서는 매일 말씀을 묵상해야 합니다. "주님! 내게 말씀하여 주옵소서."라고 기도하며 주님의 뜻을 구해야 합니다. 그리고 그 말씀을 붙들고 실천하는 삶을 살아야 합니다.

이때 우리가 조심해야 할 것 중의 하나는 환상과 꿈에 너무 매달려서는 안 된다는 것입니다. 우리는 오로지 하나님 말씀에 매달려야 합니다. 성경이 완성되기 전에는 가끔 환상과 계시로 하나님의 뜻을 보여 주셨지만, 이제는 말씀으로 깨닫게 하십니다. 가끔 제게 꿈을 해석해 달라는 편지가 옵니다. 그럴 때마다 저는 하나님 말씀에 의미를 두어야지 꿈에 너무 의미를 두지 말라고 말씀드립니다. 꿈이나 환상을 자의적으로 해석하여 오류를 범하는 경우가 많기 때문입니다. 우리는 오직 말씀을 근거로 하여 주님의 뜻을 구하고, 우리의 심령이 말씀으로 새로워져 생각하는 것이나 말하는 것이나 행동하는 것이 늘 거룩하고 의롭게 되어야 하겠습니다.

둘째로, 새 사람의 모습은 **하나님의 의와 진리의 거룩함으로 옷 입는 것**을 말합니다. 성경은 **"하나님을 따라 의와 진리의 거룩함으로 지으심을 받은 새 사람을 입으라"**(엡 4:24)고 말씀합니다.

주후 386년, 지금으로부터 약 1,600여 년 전 늦은 여름이었습니다. 어거스틴(St. Augustine)은 같은 고향 출신인 폰티키아누스(Ponticianus)의 방문을 받고 그와 함께 대화를 나누었습니다. 어거스틴은 그와의 대화 중 이집트의 수도사 안토니우스(Anthonius)의 회심과 성결한 삶에 관한 얘기를 듣다가 깊은 상념에 빠졌습니다.

어거스틴은 집을 나와 지금까지 방탕한 삶을 살았고, 9년 동안이나 마니교라는 이단에 깊이 빠져 지냈습니다. 그 어머니 모니카는 아들이 집을 나간 후 늘 아들을 위해 기도했습니다. "하나님 아버지! 우리 아들이 돌아와 변화 받고 하나님의 귀한 종이 되게 해 주옵소서." 눈물로 기도하고, 기도하고, 또 기도했습니다.

어거스틴이 폰티키아누스와 대화를 나눈 후 깊은 생각에 잠긴 그때, 그 어머니의 오랜 기도가 응답되었습니다. 그의 귓가에 우연히 아이들의 노는 소리가 들렸는데, "톨레 레게! 톨레 레게!"(Tolle lege! Tolle lege!) 이렇게 들려왔습니다. 이 말은 라틴말로서 우리말로 하면 '책을 펴서 읽어라! 책을 펴서 읽어라!' 라는 뜻입니다. 그는 어떤 신비롭고 강한 힘에 이끌려 자기도 모르는 사이에 옆에 있던 성경을 집어 들어 펼쳤습니다. 그때 눈에 확 들어오는 말씀이 있었습니다. 로마서 13장 13절부터 14절까지의 말씀이었습니다.

"낮에와 같이 단정히 행하고 방탕하거나 술 취하지 말며 음란하거나 호색하지 말며 다투거나 시기하지 말고 오직 주 예수 그리스도로 옷 입고 정욕을 위하여 육신의 일을 도모하지 말라".

그 말씀을 읽는 순간 그의 가슴은 뜨거워지기 시작했고 눈물이 하염없이 흘러내렸습니다. 성령께서 강하게 감동을 주신 것입니다.

그는 그 자리에서 눈물로 회개하며 방탕한 삶을 다 청산하고 예수님을 구주로 영접했습니다. 그 후 그의 삶은 완전히 변화되었습니다. 그는 교회사의 가장 위대한 교부로서 최고의 사상가가 되었고, 그가 저술한 많은 책들은 중세 신학에 가장 큰 영향력을 끼쳤습니다. 그가 세상을 떠난 후, 그의 이름 앞에는 '성인(聖人, Saint)' 이라는 칭호가 붙여져 '성 어거스틴'이라고 불리게 되었습니다.

새 사람을 입으면 이렇게 변화됩니다. 그 전에 어떠한 삶을 살았는지는 중요하지 않습니다. 주님께서는 우리가 지금까지 어떠한 죄를 지으며 방탕하고 불의한 삶을 살았는지 묻지 않으십니다.

셋째로, 새 사람의 모습은 마음을 지켜서 마귀가 틈타지 못하게 하는 것입니다. 우리에게 과거의 죄를 계속 상기시키고 죄책감에 빠지게 하여 새 삶을 살지 못하게 방해하는 것은 마귀의 짓입니다. 마귀는 어찌하든지 우리를 괴롭히고 참소하고 저주하고 옛 사람의 모습으로 돌아가게 하려고 합니다. 그래서 우리는 늘 마음을 지켜서 마귀가 틈타지 못하게 해야 합니다.

4장 25절부터 27절을 보면 "그런즉 거짓을 버리고 각각 그 이웃과 더불어 참된 것을 말하라 이는 우리가 서로 지체가 됨이라 분을 내어도 죄를 짓지 말며 해가 지도록 분을 품지 말고 마귀에게 틈을 주지 말라"고 말씀합니다. 여기서 '마귀에게 틈을 주지 말라'는 것은 마귀에게 참소할 기회를 주지 말라는 것입니다. 마귀는 늘 기회를 노리다가 우리가 영적으로 약해졌을 때 우리를 넘어뜨립니다.

그러므로 우리는 늘 깨어서 마음을 지켜 영적으로 충만해야 합니다. 우리 자신을 지키는 비결은 성령 충만밖에 없습니다. "주여! 우리를 성령으로 충만하게 하옵소서."라고 기도하는 수밖에 없습니다. 기도가 역사하려면 늘 말씀을 묵상해야 합니다. 그러므로 우리는 늘 "주님! 기도의 사람이 되게 하옵소서. 말씀의 사람이 되게 하옵소서. 성령의 사람이 되게 하옵소서. 그리고 행함으로 복음을 전도하는 전도인이 되게 하옵소서. 사랑을 실천하는 실천자가 되게 하옵소서."라고 기도해야 합니다.

넷째로, 새 사람의 모습은 선한 일을 하는 것을 말합니다. 4장 28절을 보면 "**도둑질하는 자는 다시 도둑질하지 말고 돌이켜 가난한 자에게 구제할 수 있도록 자기 손으로 수고하여 선한 일을 하라**"고 말씀합니다. 구제 사역은 초대 교회 때부터 지금까지 교회의 핵심적인 사역 중 하나입니다. 우리는 우리 주위에 헐벗고 굶주리고 가난하고 불쌍한 사람을 도와주어야 합니다. 현재 개성 공단에는 우리 한국 기업들이 많이 진출하여 북한 사람들과 함께 일하고 있습니다. 그중 하나인 신원그룹의 박성철 장로님은 북한 사람들에게 그리스도의 사랑을 전하고 그들을 변화시키기 위해 개성 공장 안에 예배실도 만들고, 십자가도 세우고, 점심때마다 고깃국을 끓여 주며 그들을 섬기십니다. 북한 노동자들의 소원이 신원 공장에서 일하는 것이라고 할 정도로 장로님은 그들을 성심껏 배려하고 도와주고 계십니다. 때때로 초코파이며 빵을 나누어 주면 그들은 그 자리에서 먹지 않고 잘 간직했다가 집에 가지고 가서 가족과 나누어 먹는다고 합니다.

남한에서는 먹을 것이 남아돌아 음식물 쓰레기가 차고 넘치지만, 북한에서는 식량난으로 많은 사람들이 고통을 겪고 있습니다. 그러므로 우리 이웃인 북한을 위해 우리가 선한 일을 해야 합니다. 우리 교회는 병이 들어도 치료조차 받기 힘든 북한 동포들을 위해 평양에 심장 병원을 짓고 있습니다. 이처럼 "**네 이웃을 네 자신 같이 사랑하라**"(마 22:39)는 예수님의 가르침에 따라 이웃을 위해 기도하고, 구체적으로 사랑을 실천하는 우리들이 되기를 바랍니다. 이것이 새 사람의 모습입니다.

다섯째로, 새 사람의 모습은 **덕스러운 말을 하는 것**을 말합니다. 4장 29절을 보면 "**무릇 더러운 말은 너희 입 밖에도 내지 말고 오직 덕을 세우는 데 소용되는 대로 선한 말을 하여 듣는 자들에게 은혜를 끼치게 하라**"고 말씀합니다. 저는 요즘 지나가다가 아이들이 자기네들끼리 욕하는 소리를 듣고 깜짝깜짝 놀라곤 합니다. 요즈음 영화를 보면 다듬어지지 않은, 더럽고 상스러운 말들이 많이 나오는데 이런 말들은 곧장 아이들에게 많은 영향을 줍니다. 그러니 매우 안타까운 일입니다. 우리는 참되고 선한 말, 남을 살리는 말을 해야 합니다. 더러운 말은 입에 담지도 말고 옮기지도 말고 늘 덕을 세우는 말을 하여 듣는 사람에게 은혜를 끼치는 자가 되어야 합니다.

여섯째로, 새 사람의 모습은 **성령을 근심하게 하지 않는 것**

을 말합니다. 4장 30절을 보면 "**하나님의 성령을 근심하게 하지 말라 그 안에서 너희가 구원의 날까지 인치심을 받았느니라**"고 하였습니다. 언제 성령이 근심하십니까? 우리가 하나님의 뜻대로 살지 않고 하나님을 슬프게 할 때 성령께서 말할 수 없이 탄식하십니다.

그러므로 우리는 늘 마음이 하나님께로 향해 있어서 주님의 뜻이 무엇인지 분별하고, 주님이 기뻐하시는 삶을 살도록 노력해야 합니다. 영적으로 깨어 있는 사람들은 늘 성령의 음성을 듣습니다. 일반적으로 성령께서는 큰 소리로 말씀하시지 않고 아주 조용하고 은밀한 소리로 말씀하십니다.

우리는 영적으로 깨어서 성령의 속삭임을 듣고 그 음성을 따라가야 합니다. 그렇지 않고 자기의 감정대로 살아가면 성령이 슬퍼하십니다. 아무리 성령께서 속삭여도 우리가 그것을 듣지 못하고 무시하면 큰 소리로 우리를 깨우시는데 그것이 '고난'입니다. 고난이라는 확성기를 통해 우리를 깨우시는 것입니다. 그러므로 고난의 매를 맞기 전에 영적으로 깨어 있어야 합니다. 영적으로 깨어서 늘 주님의 음성에 귀 기울이고 그 음성에 순종하시기 바랍니다.

그러기 위해서는 계속해서 쉬지 말고 기도하며, 주님의 말씀을 묵상해야 합니다. 주일 하루 교회 나와서 설교 한 번 듣는 것으로 만족하면 안 됩니다. 우리가 넘어지지 않기 위해서는 매일 기도의 제단을 쌓고, 성령님을 내 맘에 모셔 들여 그 음성에 귀 기울이고, 그 말씀을 묵상하고 실천해야 합니다. 그럴 때 성령께서 근심하지 않으시고 우리에게 은혜를 주시고 마음에 기쁨과 평안을 주십니다.

마지막으로, 새 사람의 모습은 서로 용서하는 삶을 사는 것을 말합니다. 4장 32절을 보면 "서로 친절하게 하며 불쌍히 여기며 서로 용서하기를 하나님이 그리스도 안에서 너희를 용서하심과 같이 하라"고 말씀합니다.

용서는 사랑의 완성입니다. 예수님께서 가르쳐 주신 주기도문에는 "우리가 우리에게 죄 지은 자를 사하여 준 것 같이 우리 죄를 사하여 주시옵고"(마 6:12)라는 죄 사함에 대한 기도 내용이 있습니다. 그러고 나서 용서에 대한 말씀이 계속 이어집니다.

"너희가 사람의 잘못을 용서하면 너희 하늘 아버지께서도 너희 잘못을 용서하시려니와 너희가 사람의 잘못을 용서하지 아니하면 너희 아버지께서도 너희 잘못을 용서하지 아니하시리라"(마 6:14-15).

다시 한번 용서를 강조하신 것입니다.

또한 요한복음을 보면 예수님께서 부활하신 후 제자들에게 나타나셔서 **"너희가 누구의 죄든지 사하면 사하여질 것이요 누구의 죄든지 그대로 두면 그대로 있으리라"**(요 20:23)고 말씀하셨습니다.

용서는 이렇게 중요합니다. 용서하지 못하고 평생 마음에 한을 품고 사는 사람들이 있습니다. 이것이 삶 가운데 늘 걸림돌이 되어서 옛 사람의 모습에 붙잡히게 됩니다. 새 사람의 모습은 용서하는 것입니다. 예수님께서 나의 죄를 용서하셨듯이 나에게 씻을 수 없는 상처를 준 사람까지도 용서하겠다고 결심하십시오. 용서하지 않는다면 아무리 기도를 많이 한다 해도 그 기도가 응답되지 않습니다. 용서할 때 우리 몸의 병도 치료받고 마음의 우울증도 사라지고 평안과 기쁨이 넘쳐 나는 것입니다.

지금까지 우리는 옛 사람의 모습을 벗고 새 사람의 모습을 입어 그 모습에 합당한 삶을 살아야 함을 알아 보았습니다. 그 합당한 삶이란 심령을 새롭게 하며, 하나님의 의와 진리의 거룩함으로 지으심을 받은 새 사람을 입고, 마귀가 틈타지 않게 깨어 있으며, 선한 일을 하여 구제하고, 덕스러운 말로 은혜를 끼치며, 성령을 근심하지 않게 하고, 서로 용서하며 사는 삶을 말합니다. 만약 우리 삶이 그렇지 않다면 아직 우리는 옛 사람에 머물러 있다는 증거입니다. 교회를 몇 년 다녔는지, 직분이 무엇인지는 중요하지 않습니다. 중요한 것은 지금 내가 옛 사람의 옷을 입고 있느냐, 새 사람의 옷을 입고 있느냐 하는 것입니다. 옛 사람의 옷을 단호히 벗어 버리고 새 사람을 입는 여러분이 되시기를 축원합니다.

아홉째 광주리

성령 충만의 축복

*

세월을 아끼라 때가 악하니라
술 취하지 말라
이는 방탕한 것이니 오직 성령으로 충만함을 받으라
(엡 5:16,18)

엡 5:1-20

EPHESIANS

그러므로 사랑을 받는 자녀 같이 너희는 하나님을 본받는 자가 되고 그리스도께서 너희를 사랑하신 것 같이 너희도 사랑 가운데서 행하라 그는 우리를 위하여 자신을 버리사 향기로운 제물과 희생제물로 하나님께 드리셨느니라 음행과 온갖 더러운 것과 탐욕은 너희 중에서 그 이름조차도 부르지 말라 이는 성도에게 마땅한 바니라 누추함과 어리석은 말이나 희롱의 말이 마땅치 아니하니 오히려 감사하는 말을 하라 너희도 정녕 이것을 알거니와 음행하는 자나 더러운 자나 탐하는 자 곧 우상 숭배자는 다 그리스도와 하나님의 나라에서 기업을 얻지 못하리니 누구든지 헛된 말로 너희를 속이지 못하게 하라 이로 말미암아 하나님의 진노가 불순종의 아들들에게 임하나니 그러므로 그들과 함께 하는 자가 되지 말라 너희가 전에는 어둠이더니 이제는 주 안에서 빛이라 빛의 자녀들처럼 행하라 빛의 열매는 모든 착함과 의로움과 진실함에 있느니라 주를 기쁘시게 할 것이 무엇인가 시험하여 보라 너희는 열매 없는 어둠의 일에 참여하지 말고 도리어 책망하라 그들이 은밀히 행하는 것들은 말하기도 부끄러운 것들이라 그러나 책망을 받는 모든 것은 빛으로 말미암아 드러나나니 드러나는 것마다 빛이니라 그러므로 이르시기를 잠자는 자여 깨어서 죽은 자들 가운데서 일어나라 그리스도께서 너에게 비추이시리라 하셨느니라 그런즉 너희가 어떻게 행할지를 자세히 주의하여 지혜 없는 자 같이 하지 말고 오직 지혜 있는 자 같이 하여 세월을 아끼라 때가 악하니라 그러므로 어리석은 자가 되지 말고 오직 주의 뜻이 무엇인가 이해하라 술 취하지 말라 이는 방탕한 것이니 오직 성령으로 충만함을 받으라 시와 찬송과 신령한 노래들로 서로 화답하며 너희의 마음으로 주께 노래하며 찬송하며 범사에 우리 주 예수 그리스도의 이름으로 항상 아버지 하나님께 감사하며 예수를 믿는 순간 우리의 신분은 바뀝니다. 마귀의 노예에서 하나님의 자녀로 바뀌는 것입니다. 눈으로 보기에는 아무것도 달라진 것이 없어 보이지만 죽었던 영이 살아나면서 근본적인 삶의 변화가 생겨납니다. 이렇게 하나님의 자녀가 된 후에는 그 신분에 맞는 삶을 살아야 합니다. 오늘 본문은 새로운 신분이 된 우리가 어떤 삶을 살아야 할 것인지에 대해 말씀해 주고 있습니다.

1. 빛의 자녀가 되라

본문은 우리에게 빛의 자녀와 같이 행하는 삶을 살라고 말씀합니다. 5장 8절을 보면 **"너희가 전에는 어둠이더니 이제는 주 안에서 빛이라 빛의 자녀들처럼 행하라"**고 말씀합니다. 예수를 믿기 전 우리의 삶은 어둠입니다. 절망입니다. 그 어둠과 절망에서 헤어날 사람은 한 사람도 없습니다. 이 어둠은 죄를 말합니다. 우리가 타락함으로 말미암아 받은 저주와 모든 형벌을 의미합니다. 따라서 예수 믿기 전까지 우리는 어둠 가운데 헤매며 살아야 했습니다.

그러나 예수를 믿은 후 어둠은 빛으로 바뀌었습니다. "이제는 주 안에서 빛이라!" 우리는 예수 그리스도 안에서 세상의 빛이 되었습니다. '빛이 되려고 노력하라'고 표현하지 않았습니다. 예수를 믿음으로 말미암아 근본적인 변화가 일어나서 이미 빛이 되었다는 것입니다. 그러므로 우리는 빛입니다. 축복 받은 하나님의 자녀입니다. 우리는 이러한 신분의 변화를 분명하게 깨달아야 합니다. 이미 세상의 빛이 되었기 때문에 이제는 우리 삶 가운데 모든 어둠을 몰아내고 하나님의 귀한 뜻을 이루어 나가는 주님의 자녀가 되어야 합니다.

김익두 목사님은 초기 한국 교회의 부흥을 주도한 인물 중 한 명입니다. 그런데 원래 김익두 목사님은 젊은 시절 날마다 주색잡기에 빠져 방탕하게 살며 사람들을 괴롭히는 불량배였습니다. 사람들이 매일 "오늘 호랑이 익두인지 억두인지 만나지 않게 해 주옵소서."라고 빌 정도로 그는 동네 사람들과 시장 상인들을 괴롭혔습니다. 그러던 그가 어느 날인가 장에 나갔다가 선교사가 전해 준 전도지를 보고 회심하게 되었습니다. 그 후 그에게 근본적인 변화가 다가왔습니다. 예수를 믿고 회개한 다음 그는 사람들에게 자신의 부고장을 돌렸습니다. "김익두는 죽었다." 사람들은 깡패 김익두가 죽었다는 부고장을 받고는 "잘됐다. 우리를 괴롭히던 김익두가 죽었으니 이젠 가슴 펴고 편하게 살겠다." 하며 기뻐했습니다.

그런데 어느 날 사람들이 많은 시장 한복판에 그 죽었다던 김익두가 나타났습니다. 사람들은 "아니, 당신 죽었다더니 어떻게 된 겁니까?"라고 물었습니다. 그러자 그는 "예전 깡패였던 김익두는 죽었습니다. 나는 이제 하나님의 자녀로 새로 태어났습니다."라고 답했습니다. 그는 완전히 새 사람의 옷을 입고 새 사람의 삶을 살았습니다.

그는 유명한 부흥사가 되었는데 특히 놀라운 신유와 기적을 통해 살아 계신 하나님을 증거하여 환난과 핍박 가운데 고통받는 이 민족에게 하나님에 대한 소망을 잃지 않게 하는 큰 역할을 하였습니다. 김익두 목사님은 150여 곳에 교회를 세우고 28만 명의 새신자를 낳았으며, 일만여 명의 사람들이 목사님을 통해 신유의 기적을 경험하였습니다. 또한 그의 감화로 목사가 된 사람이 200여 명이 있는데 그중에 이성봉, 주기철, 김재준 등 한국 교회사에 위대한 발자취를 남긴 사람들이 많이 있습니다.

삶이 변화되면 하나님께서 그 삶을 통해 영광을 받으시고 그 빛을 만방에 비추게 해 주십니다. 변화된 우리는 빛입니다. 빛이 가는 곳에는 어둠이 사라집니다. 빛과 어둠은 함께 있을 수 없습니다. 아무리 캄캄해도 불이 켜지면 온 방 안이 환해지는 것처럼 이 세상이 아무리 어두워도 빛이 있으면 그곳은 밝아집니다.

그러므로 예수 믿는 사람들은 빛을 비추어 이 세상을 변화시켜야 합니다. 예수 믿는 나 한 사람으로 인해 가정이 변하고, 학교가 변하고, 직장이 변하고, 이 사회가 변하도록 해야 합니다. 예수 믿는 사람이 예수 믿는 사람답게 살면 이 세상은 아름다워집니다. 우리가 예수를 믿는다고 하면서도 예수 믿는 사람답게 살지 않기 때문에 문제가 생기고 세상에서 빛의 역할을 하지 못하는 것입니다. 그러므로 우리는 빛의 열매를 맺는 삶을 살아야 합니다. 그렇다면 빛의 열매는 무엇입니까?

5장 9절을 보면 "**빛의 열매는 모든 착함과 의로움과 진실함에 있느니라**"고 하였습니다.

첫째로, 빛의 열매는 '**착함**' 입니다. 착함은 하나님의 관용, 자비, 인내를 포함한 우리 안의 선한 성품을 말합니다. 예수를 믿은 후 우리는 선한 성품으로 변해야 합니다. 왜냐하면 우리는 하나님의 자녀이고, 하나님은 선하신 분이기 때문입니다. 그러므로 이 세상이 아무리 악하다 할지라도 예수 믿는 사람들은 선하게 살아야 합니다.

선이 악을 이깁니다. 절대로 악이 선을 이길 수 없습니다. 악이 선보다 더 강한 것처럼 보일 때도 있습니다. 그러나 잠언 24장 19절부터 20절을 보면 "**너는 행악자들로 말미암아 분을 품지 말며 악인의 형통함을 부러워하지 말라 대저 행악자는 장래가 없겠고 악인의 등불은 꺼지리라**"고 하였습니다. 악인들은 잡초같이 확 자라지만 한번 베어 버리면 금방 시들어 버립니다. 잡초는 거름을 주지 않아도 빨리 자라지만 결국 쓰레기로 버려지게 됩니다.

이와 같이 이 세상의 악인들이 잘되는 것은 잡초가 잠깐 잘 자라는 것과 같습니다. 그러니 잡초가 잘 자라는 것 때문에 불평할 필요도, 영향을 받을 필요도, 두려워할 필요도 없습니다. 예수 믿는 우리는 악인이 잠깐 잘되는 것에 배 아파하지 말고 늘 주님의 선하심을 마음에 품고 우리의 삶 속에 착함의 열매를 맺어야 할 것입니다.

둘째로, 빛의 열매는 **'의로움'** 입니다. 의로움은 하나님의 공의를 가리킵니다. 그러므로 성도 역시 하나님의 말씀에 어긋남 없이 바르고 의롭게 행하며 살아야 한다는 말씀입니다. 우리는 의롭게 살아야 합니다. 의롭게 살면 하나님께서 그를 높여 주십니다. 죄짓고 불의한 것은 감추어지지 않습니다.

정권이 바뀌면 이전 정권이 했던 비리들이 하나 둘씩 밝혀져서 뉴스에 나오기 시작합니다. 많은 업적을 쌓은 사람도 한순간의 실수로 감옥에 들어가는 경우가 더러 있습니다. 특히 공직 사회에서 뇌물을 받거나 하면 그때까지 아무리 일을 잘했다 하더라도 그 공로가 한 번에 물거품이 되어 법의 심판을 받게 됩니다. 그러므로 우리는 늘 어떤 자리에 있든지 하나님 앞에서나, 사람 앞에서나 한 점 부끄러움 없는 의로운 삶을 살아야 하겠습니다.

셋째로, 빛의 열매는 '**진실함**' 입니다. 진실함이란 거짓이 없고 가식이 없는 것을 말합니다. 하나님은 진실한 사람을 인정해 주십니다. 그리고 우리가 진실할 때 사람과의 관계가 아름답게 변합니다. 그러나 이 세상은 진실하지 않은 모습으로 가득합니다. 거짓이 판을 치는 세상이니 무엇이 진실이고 무엇이 거짓인지 분별하기 힘듭니다.

전에 뉴스를 보니 1억을 맡겨 놓으면 한 달에 천만 원씩을 준다고 사기를 쳐서 많은 사람들이 낭패를 본 사건이 나왔습니다. 돈 욕심으로 인해 사람들이 터무니없는 거짓말에 속아 큰 돈을 맡겼다가 엄청난 손해를 본 것입니다.

우리는 이런 거짓 세상 속에 살고 있습니다. 그러나 빛의 자녀는 세상이 그렇다 할지라도 진실함을 잃지 말아야 합니다. 절대로 거짓이 성공할 수 없습니다. 우리가 아주 작은 것에라도 진실함으로 살아갈 때 거짓이 없으신 하나님 앞에 인정받고 쓰임 받게 됨을 잊지 말아야 하겠습니다.

2. 주님을 기쁘시게 하라

하나님의 자녀 된 우리는 주님을 기쁘시게 하는 삶을 살아야 합니다. 본문 5장 10절을 보면 "주를 기쁘시게 할 것이 무엇인가 시험하여 보라"고 하였습니다.

에녹은 365년 동안 하나님과 동행하며 하나님을 기쁘시게 하는 삶을 살다가 죽음을 보지 않고 하늘나라에 갔습니다. 에녹이 살던 당시는 죄악이 만연한 세상이었습니다. 많은 사람들이 하나님의 뜻을 거역하며 죄 가운데 살았습니다. 그런데 에녹은 의인으로서 범사에 하나님을 기쁘시게 하는 삶을 살았습니다. 그 모습이 얼마나 아름다웠던지 하나님께서 죽음 없이 그를 직접 데려가셨습니다. 죽음을 보지 않고 하늘나라에 올라간 사람은 에녹과 엘리야뿐입니다. 주님을 기쁘시게 하는 자라는 칭함을 받고 죽음 없이 직접 천국에 불려갔으니 얼마나 영광스럽습니까? 우리도 일생을 사는 동안 어려운 일이 다가오고 문제가 생길지라도 마음을 잘 지켜 주님을 기쁘시게 하여 하나님께 인정받는 삶을 살아야 하겠습니다.

어느 달 밝은 밤 참외 밭을 지나가던 아버지와 아들이 있었습니다. 참외가 탐스럽게 잘 익은 것을 보고 아버지가 아들에게 "잘 보고 있어라. 누가 오면 나를 불러라." 하고 일러두고 참외를 따러 들어갔습니다.

아버지가 참외를 따려고 하는데 아들이 갑자기 "아빠! 아빠!" 하고 불렀습니다. 아버지가 놀라서 나가 보니 아무도 없었습니다. "아무도 없는데 왜 아빠를 놀라게 하는 거냐?" 하며 아버지는 아들에게 핀잔을 주고 다시 참외를 따러 갔습니다. 그런데 아들이 또 부릅니다. "아빠! 아빠!" 아버지가 다시 뛰어 나오니 또 아무도 없습니다. 그래서 다시 참외를 따려는 순간 아들이 또 아빠를 불렀습니다. 그러나 이번에도 역시 아무도 없었습니다. 아버지는 "도대체 너 왜 그러는 거냐?" 하며 화를 냈습니다. 그랬더니 아들이 "저 위에 하나님이 보고 계셔. 주일학교 선생님이 그러시는데 하나님이 우리를 늘 지켜보고 계신다고 했어."라고 대답했습니다. 이 말을 들은 아버지는 아들 앞에서 부끄러워 고개를 숙이며 하나님 앞에 회개했습니다.

어른들은 마음이 순수하지 못해 예수를 믿는다고 하면서도 때에 따라 슬쩍 거짓말도 하고 옳지 않은 행동도 서슴없이 합니다. 이러한 모습은 우리를 눈동자처럼 지켜보고 계시는 하나님을 슬프게 하는 행위입니다. 어린아이와 같은 순수한 믿음으로 하나님의 기쁘신 뜻을 성취해 나아가는 여러분이 되시기를 주의 이름으로 축원합니다.

3. 성령의 충만함을 받으라

하나님을 기쁘시게 하는 빛의 자녀로 살아가기 위해 우리는 성령의 충만함을 받아야 합니다. 승리하는 신앙생활의 비결은 성령 충만입니다. 5장 18절 하반절을 보면 **"오직 성령으로 충만함을 받으라"**고 하였습니다. 교회의 부흥 비결도 성령 충만이요, 신앙생활의 성공 비결도 성령 충만이요, 범사에 모든 것이 주의 뜻대로 이루어지는 비결도 성령 충만입니다. 우리가 성령으로 충만할 때 하나님 앞에 쓰임을 받을 수 있고 하나님의 귀한 뜻을 이룰 수 있습니다. 그러면 성령으로 충만한 삶을 위해 우리가 가져야 할 자세에 대해 알아 보겠습니다.

첫째로, 성령 충만을 받기 위해 우리는 먼저 **주님의 지혜로 충만해야** 합니다. 5장 15절을 보면 **"그런즉 너희가 어떻게 행할지를 자세히 주의하여 지혜 없는 자 같이 하지 말고 오직 지혜 있는 자 같이 하여"** 라고 말씀합니다. 지혜는 어디에서 구할 수 있습니까? 우리는 말씀을 통해 하나님의 지혜를 얻을 수 있습니다. 성경 말씀은 성령의 언어입니다. 하나님의 말씀인 성경은 성령의 감동을 받은 사람들이 기록하여 완성한 것입니다. 약 1,500년 이상의 오랜 기간 동안 40여 명의 사람들이 전혀 다른 배경에서 성경을 기록했는데, 전체 말씀이 다 연결되어 예수님을 증거하고 있습니다. 구약은 장차 오실 예수님을 증거하고, 신약은 이미 오신 예수님 그리고 마지막 때에 재림의 주로 다시 오실 예수님을 증거하고 있습니다.

어떻게 그것이 가능했을까요? 그것은 성경의 저자가 성령 한 분이시기 때문입니다. 동일한 성령께서 사람들에게 감동을 주어 말씀을 쓰게 하셨습니다. 우리는 이처럼 성령의 감동으로 기록된 성경 말씀을 밤낮으로 읽고 묵상하여 성령의 인도하심을 따라 살아가는 지혜 있는 자가 되어야 하겠습니다.

둘째로, 우리가 성령 충만의 삶을 살기 위해서는 **세월을 아껴야** 합니다. 5장 16절을 보면 "**세월을 아끼라 때가 악하니라**"고 하였습니다. 세월을 아끼라는 말은 헛된 시간을 보내며 허송세월하지 말고, 때가 악하므로 항시 악에 대항하여 선한 일로 시간을 보내라는 말입니다. 우리는 하나님께서 주신 귀한 시간을 나태하게 보내지 말아야 합니다. 일 분 일 초를 아껴 집중하며 살아야 합니다.

공부를 잘하고 못하는 것은 주어진 시간에 얼마나 집중했느냐에 달려 있습니다. 몇 시간을 책상 앞에 앉아 있어도 온갖 다른 생각으로 시간을 허비하는 학생이 있는가 하면, 한 시간을 앉아 있어도 집중하여 시간을 잘 활용하는 학생이 있습니다. 이와 같이 우리는 주어진 시간 동안 필요하지 않은 일로 마음을 흐트러뜨리지 않게 하여 하나님의 선한 일을 하는 데 시간과 마음을 집중해야 합니다.

한국에서도 사람들이 드라마를 많이 보지만 미국에 있는 교포들도 주말이 되면 비디오를 잔뜩 빌려 와서 한국 드라마를 봅니다. 한국 드라마는 한 편 끝나면 다음 편이 궁금해지게 해서 계속 드라마를 볼 수밖에 없도록 만듭니다. 그러니 토요일에 드라마 비디오를 잔뜩 빌려 와서 보기 시작하면 밤을 새워 가며 보게 되는 것입니다. 그래서 주일이 되면 교회 와서 예배드리다가 졸기 일쑤입니다.

저는 처음에 조는 성도들을 보고 주말에도 열심히 일해서 피곤하신가 보다고 생각했었습니다. 그런데 어느 토요일에 슈퍼마켓 앞을 잠깐 지나가다가 집사님 한 분을 만났습니다. 그 분은 손에 비디오테이프가 잔뜩 든 봉지를 들고 있었는데 저를 보더니 깜짝 놀라는 것이었습니다. 저는 그분이 당황해하는 것 같아 짧게 인사하고 지나갔는데, 나중에 그 집사님이 저에게 이러한 고백을 하셨습니다. "목사님이 시간을 낭비하지 말라고 하셨는데 그날 비디오테이프 빌려 가는 걸 목사님한테 딱 걸렸으니 마음이 편치 않아서 집에 가서도 비디오 놓고 고민고민하다가 결국 한 편도 보지 못했습니다. 그러고 나서 '하나님 아버지! 제가 토요일에 비디오 가게 앞에서 목사님과 마주친 것이 하나님의 뜻인 줄 알고 이제 토요일마다 밤늦도록 비디오 보는 습관을 버리겠습니다.' 라고 하나님께 회개했습니다."

그때까지 토요일이면 비디오 열 개를 빌려 보고 주일 예배 시간에는 꾸벅꾸벅 졸던 집사님이 하나님께 회개한 후 잘못된 습관을 버리고 앞으로는 교회에서 열심히 봉사해야겠다고 결단하였습니다. 그 후 집사님은 교회 곳곳에 망가진 곳들을 솜씨 좋게 고치기도 하고 교회 밴으로 성도들을 태워 모셔오기도 하며 충성된 일꾼으로 교회를 섬기셨습니다.

성령께서 깨달음을 주실 때 삶의 변화가 다가옵니다. 지금까지 어떻게 살았는지는 중요하지 않습니다. 지금까지 헛된 시간을 보냈다 하더라도 그것은 문제 되지 않습니다. 앞으로 남은 시간이 중요합니다. 지금부터라도 분초를 아껴서 주님이 기뻐하시는 삶을 사시기 바랍니다. 우리 삶은 바뀌어야 합니다. 한번 지나가면 다시 오지 않는 귀한 시간은 지금 이 순간에도 흘러가고 있습니다. 지금 이 순간이 내일을 만들어 내는 것입니다. 그러므로 순간순간 최선을 다해 살아야 합니다. 그러면 우리의 미래가 달라질 것입니다.

셋째로, 성령의 충만함을 받기 위해서는 **주의 뜻을 이해해야** 합니다. 5장 17절을 보면 **"그러므로 어리석은 자가 되지 말고 오직 주의 뜻이 무엇인가 이해하라"**고 하였습니다. 매 순간마다 주님의 뜻이 어디에 있는지 살피고 주님의 뜻에 순종해야 합니다. 주님의 뜻이 우리에게 어떻게 계시됩니까? 하나님의 말씀에 비추어서 말씀과 위배되지 않을 때 그것이 하나님의 뜻입니다. 또한 주님의 뜻이면 마음에 평안이 옵니다. 그러므로 마음이 불안하고 초조하고 답답할 때는 잠시 계획하던 일을 멈추고 기도하며 주님의 때를 기다리는 것이 좋습니다.

넷째로, 성령의 충만함을 받으려면 **술 취하지 말아야** 합니다. 5장 18절 전반부를 보면 **"술 취하지 말라 이는 방탕한 것이니"** 라고 하였습니다. 에베소는 술과 향락을 즐기며 방탕하고 무절제한 분위기가 만연한 도시였습니다. 그래서 바울은 에베소 교인들에게 그러한 세상 유혹과 쾌락에 취하지 말고 성령의 충만함을 받으라고 권면하였습니다.

성령 충만이 삶의 변화를 가져옵니다. 우리 개인과 가정과 교회의 변화는 성령 충만을 통해 다가옵니다. 성령으로 충만할 때 우리는 구원의 확신을 가질 수 있으며, 예수님의 모습을 닮아 거룩하게 변화될 수 있습니다. 성령으로 충만할 때 우리 마음의 병과 육신의 병이 치유 받게 되고, 범사가 형통하게 되고, 천국의 소망을 가질 수 있게 됩니다. 성령으로 충만한 사람들이 주님 다시 오실 날 주님을 공중에서 맞이할 수 있게 되는 것입니다. 그러므로 우리는 성령으로 충만해야 합니다.

4. 주를 찬양하라

하나님의 자녀가 되어 새로운 신분이 된 우리는 주를 찬양하여야 합니다. 5장 19절에 보면 "**시와 찬송과 신령한 노래들로 서로 화답하며 너희의 마음으로 주께 노래하며 찬송하며**" 라고 하였습니다.

우리는 늘 기쁨과 감사함으로 찬양해야 합니다. 그러나 때때로 지치고 힘든 삶을 살다 보면 찬양이 잘 나오지 않을 때가 있습니다. 낙심이 되는 일이 생길 때 기쁨과 감사함으로 찬양하기는 그리 쉬운 일이 아닙니다. 그러나 그럴 때일수록 살아계신 하나님을 믿고 하나님을 찬양하십시오. 하나님께서는 찬양 받기를 원하십니다.

어려울 때 하나님만을 의지하며 부르는 찬양은 삶에 기적을 가져옵니다. 찬양은 성령 충만의 외적 표현이기도 합니다. 성령으로 충만한 사람은 기쁠 때나 슬플 때나 그의 생활 속에서 찬양이 끊이지 않습니다. 찬양은 성령의 능력이 우리 삶에 나타나게 하는 능력의 통로입니다. 그러므로 성령으로 충만하여 늘 찬양이 끊이지 않고 그로 인해 능력 있는 삶을 살게 되시기를 바랍니다.

5. 범사에 감사하라

마지막으로 우리는 범사에 감사해야 합니다. 5장 20절을 보면 **"범사에 우리 주 예수 그리스도의 이름으로 항상 아버지 하나님께 감사하며"** 라고 하였습니다. 우리는 늘 우리에게 주신 놀라운 은혜로 인하여 하나님께 감사와 찬송과 존귀와 영광을 드려야 합니다. 입술에서 감사가 그치지 않게 해야 합니다. 감사를 통해 주님 앞에 영광을 돌릴 때 하나님께서는 더 감사할 일들을 우리에게 주십니다. 감사하는 사람은 하나님과 동행하며 하나님의 일을 이루어 나갑니다. 그러나 원망하고 불평하는 사람은 스스로 축복의 통로를 가로막아 버립니다.

이스라엘 백성을 보십시오. 그들은 430년 동안 애굽에서 종살이하며 절망 가운데 있었을 때 하나님께서 구원하여 주셔서 젖과 꿀이 흐르는 가나안 땅으로 갈 수 있게 되었습니다. 그러나 그들은 감사하지 않았습니다. 하나님께서 홍해를 갈라 주시고, 바위에서 물이 터져 나오게 하시고, 하늘에서 만나와 메추라기를 내려 주시고, 적들에게서 구해 주시고, 이렇게 놀라운 기적을 베풀어 주셨음에도 불구하고, 그들은 입만 열면 불평하였습니다. 그 결과 그들은 가나안 땅에 들어가지 못하고 광야에서 심판을 받았습니다.

원망과 불평에는 심판과 형벌만이 기다리고 있습니다. 그러나 감사는 더 큰 주님의 기적을 가져옵니다. 그러므로 감사할 수 없는 환경에 처할지라도 하나님을 신뢰하며 감사하십시오. 사람들은 부정적인 것에 빨리 반응합니다. 누가 조금이라도 기분 상하는 얘기를 하면 당장 화를 내거나 속상해하며 밤

잠을 설칩니다. 그러나 하나님께서 나를 알아주시고 인정하신다는 사실을 기억한다면, 사람들이 나를 알아주지 않지 않는 것은 아무 문제가 되지 않습니다. 성령으로 충만하면 평소에 문제라고 생각했던 것들이 문제가 되지 않으며, 모든 것이 감사할 뿐이라는 것을 깨닫게 됩니다.

우리 모두 빛의 자녀 된 성도로서 착함과 의로움과 진실의 열매를 맺으며, 늘 주님이 기뻐하시는 삶이 무엇인지 깨닫고 그것을 실천하며, 성령의 충만함을 받아 찬양과 감사가 일생을 통해 끊이지 않게 되기를 주의 이름으로 축원합니다.

열째 광주리

행복한 가정(부부)

*

그러나 너희도 각각 자기의 아내
사랑하기를 자신 같이 하고
아내도 자기 남편을 존경하라
(엡 5:33)

엡 5:21-33

EPHESIANS

그리스도를 경외함으로 피차 복종하라 아내들이여 자기 남편에게 복종하기를 주께 하듯 하라 이는 남편이 아내의 머리 됨이 그리스도께서 교회의 머리 됨과 같음이니 그가 바로 몸의 구주시니라 그러므로 교회가 그리스도에게 하듯 아내들도 범사에 자기 남편에게 복종할지니라 남편들아 아내 사랑하기를 그리스도께서 교회를 사랑하시고 그 교회를 위하여 자신을 주심 같이 하라 이는 곧 물로 씻어 말씀으로 깨끗하게 하사 거룩하게 하시고 자기 앞에 영광스러운 교회로 세우사 티나 주름 잡힌 것이나 이런 것들이 없이 거룩하고 흠이 없게 하려 하심이라 이와 같이 남편들도 자기 아내 사랑하기를 자기 자신과 같이 할지니 자기 아내를 사랑하는 자는 자기를 사랑하는 것이라 누구든지 언제나 자기 육체를 미워하지 않고 오직 양육하여 보호하기를 그리스도께서 교회에게 함과 같이 하나니 우리는 그 몸의 지체임이라 그러므로 사람이 부모를 떠나 그의 아내와 합하여 그 둘이 한 육체가 될지니 이 비밀이 크도다 나는 그리스도와 교회에 대하여 말하노라 그러나 너희도 각각 자기의 아내 사랑하기를 자신 같이 하고 아내도 자기 남편을 존경하라 가정은 중요한 하나님의 축복의 장소입니다. 사회 비평가인 존 러스킨(John Ruskin)은 "인류 역사는 세계의 역사가 아니라 가정의 역사이다."라고 말했습니다. 가정이 살면 나라가 살고, 가정이 무너지면 나라가 무너집니다.

세계 역사 가운데 초강대국을 이루었던 로마 제국은 문란한 성생활로 윤리와 도덕이 무너졌습니다. 그것이 로마 제국의 몰락을 가져온 원인 가운데 하나가 되었습니다. 로마 제국이 무너지기 전 그 어디를 봐도 희망이 없어 보일 때 유일하게 그들에게 희망의 빛을 비추어 준 것이 기독교입니다. 그리스도인의 가정들이 혼탁하고 문란하고 황폐해진 사회에서 빛의 역할을 한 것입니다. 예수 믿는 우리들은 세상의 빛입니다. 빛은 주

변이 어두우면 어두울수록 더 환하고 밝게 비칩니다. 그러므로 지금의 이 어둡고 혼탁한 세상 속에서도 그리스도인의 가정은 성령으로 충만하고, 사랑으로 충만하고, 하나님의 은혜로 충만하여 빛을 비추어야 합니다.

프랑스 철학자 H. A. 텐(Hippolyte A. Taine)은 "결혼이란 첫 3주일 동안은 서로 관찰하고, 그다음 3개월은 사랑하며, 그다음 3년은 싸우고, 그 뒤 30년은 용서하면서 사는 것이다."라고 말했습니다. 이처럼 부부 간에는 서로를 향한 긍휼과 용납과 용서가 필요합니다. 왜냐하면 결코 완전한 남편도, 완전한 아내도 없기 때문입니다. 그렇다면 구체적으로 행복한 가정을 이루는 비결은 무엇인지 알아 봅시다.

1. 그리스도를 경외함으로 피차 복종하라

첫째로, 행복한 가정을 이루기 위해서는 그리스도를 경외함으로 **피차 복종하라**고 성경은 말씀하고 있습니다(엡 5:21). 일방통행이 아니라 서로가 서로를 존중하여 상대방의 뜻을 맞추어 주고 피차 복종함으로 그리스도의 사랑을 삶 가운데 늘 유지할 수 있게 해야 합니다. 서로 존중하라는 말씀은 창조의 원리 속에서도 알 수 있습니다.

하나님께서 아담에게 만물을 다스리는 권한을 주셨으므로 그는 동물들의 이름을 지어 주고 그들을 다스렸습니다. 모든 동물들은 다 짝이 있는데 아담은 혼자였습니다. 하나님은 홀로 있는 아담을 위해 그가 깊이 잠들었을 때 그의 갈비뼈를 취하여 아내 하와를 만드셨습니다.

갈비뼈를 취했다는 것에 주목하십시오. 이것은 남녀 간의 관계가 동등하다는 것을 의미합니다. 만약 머리뼈를 취해 여자를 만들었다면 여자가 남자를 다스렸을 것이고, 발의 뼈를 취해 만들었다면 남자가 여자를 밟고 살았을 것입니다. 그러나 하나님은 아담의 갈비뼈를 취해 하와를 만드셔서 두 사람이 동등한 입장에서 서로 복종하고 존중하게 하셨습니다.

'피차 복종하라' 는 말씀은 가정에서뿐만 아니라 교회 안에서도 해당됩니다. 성도들 간에 지위나 신분을 막론하고 그리스도의 한 지체로서 서로 존중해야 함을 의미합니다. 이것은 그리스도를 경외함으로 가능합니다. 그리스도를 경외하는 마음이 있어야 겸손한 마음이 생겨나서 상대방에게 복종할 수 있기 때문입니다. 이렇게 서로 복종하는 것은 성도들이 모든 그리스도인과의 관계 속에서 가져야 할 자세입니다.

2. 아내의 자세

행복한 가정을 위해 아내는 남편에게 복종해야 합니다. 5장 22절부터 24절을 보면 **"아내들이여 자기 남편에게 복종하기를 주께 하듯 하라 이는 남편이 아내의 머리 됨이 그리스도께서 교회의 머리 됨과 같음이니 그가 바로 몸의 구주시니라 그러므로 교회가 그리스도에게 하듯 아내들도 범사에 자기 남편에게 복종할지니라"** 고 기록되어 있습니다.

여기서 기억해야 할 것은 이 복종이라는 의미는 교회가 그리스도에게 하듯 자발적으로 남편 뜻을 따라 주라는 것입니다. 이것은 저절로 되는 것이 아닙니다. 아내를 향한 남편의 희생적인 사랑이 전제됩니다. 그러므로 남편은 아내를 존중하고 사랑해 주지도 않으면서 "성경이 남편에게 복종하라고 했으니 나에게 복종하라." 고 말할 수 없습니다. 이것은 잘못된 주장입니다. '교회가 그리스도에게 하듯' 이라고 단서가 붙여진 것은 그렇게 자발적으로 우러나오는 마음으로 남편을 존경하며 복종하라는 것입니다.

골로새서 3장 18절에도 **"아내들아 남편에게 복종하라 이는 주 안에서 마땅하니라"**고 하였습니다. 이렇게 아내는 주 안에서 자발적으로 우러나오는 마음으로 머리 된 남편의 뜻을 따라 주어야 합니다. 그 이유는 부부가 하나이기 때문입니다. 부부는 둘이 아닙니다. 하나입니다. 그러므로 머리가 둘일 수 없습니다. 그러나 이것이 지배 관계 또는 종속 관계를 말하는 것은 아닙니다. 창조의 질서 측면을 생각하여 먼저 세움 받은 남편을 머리로 세우고 가정을 이끌어 갈 책임을 주었으니, 아내는 남편의 뜻을 따라 주라는 것입니다.

성공하는 남편을 보면 그 뒤에는 성공시키는 아내가 있었습니다. 미국의 32대 대통령 루즈벨트(Franklin D. Roosevelt) 뒤에 훌륭한 아내가 있었습니다. 루즈벨트 여사는 프랑스에서 유학하던 중 그곳에서 루즈벨트를 만나 그와 결혼하였습니다. 그런데 결혼 후 남편이 소아마비 증세로 하반신이 마비되었습니다. 하지만 그녀는 그러한 상황에 절망하지 않고 남편의 손과 발이 되어 남편의 정치적 꿈을 북돋아 주며 뒷바라지하였습니다. 그 결과 그녀의 남편 루즈벨트는 1932년 미국의 대통령으로 당선되었습니다. 루즈벨트 대통령은 어렵고 힘든 시기에 미국을 크게 성장시켜 많은 사람들에게 존경받았는데, 그것은 아내의 헌신이 있었기에 가능했습니다. 남편을 돕는 배필로서 아내의 역할은 이렇게 중요한 것입니다.

또한 아내는 남편에 대한 **존경심**이 있어야 합니다. 5장 33절을 보면 **"그러나 너희도 각각 자기의 아내 사랑하기를 자신같이 하고 아내도 자기 남편을 존경하라"**고 했습니다.

제가 미국에서 사역할 때 부부 싸움 하는 집에 심방을 가서 예배드린 경험이 있습니다. 여집사님 중에 성격이 남자 같고 열심은 그 누구에게도 뒤지지 않아서 늘 교회 일에 앞장서는 분이 계셨습니다. 그런데 그 집사님은 하루가 멀다 하고 거의 매일 온 동네에 다 들릴 정도로 큰 소리로 남편과 싸웠습니다. 하루는 그 남편이 제게 전화를 해서 하소연을 하는 것이었습니다.

"목사님! 아내 때문에 도저히 못 살겠습니다. 20년을 부부 싸움 하니 이제 지긋지긋합니다. 도저히 가정생활을 할 수 없습니다. 목사님께서 어떻게 결론을 내야 할지 알려 주십시오."

그런데 갑자기 여집사님이 전화기를 빼앗아 얘기하기 시작했습니다.

"목사님! 저 사람 말만 듣지 마시고 제 얘기 좀 들어 보세요. 남편이 고지식해서 답답하기 이를 데 없고, 지금까지 자기 손에 통장을 딱 쥐고 앉아서 저한테는 돈도 잘 안 주고, 걸핏하면 소리나 지르니, 제가 속이 안 타겠습니까?"

전화로 끝낼 상담이 아닌 것 같아 저는 집사님 댁으로 심방을 가기로 했습니다.

"집사님, 제가 지금 집사님 댁으로 심방 갈 테니 예배드릴 준비하고 계세요."

그 집에 가 보니 부부가 대판 싸우고 난 뒤라 집안 분위기가 썰렁했습니다. 간신히 예배를 드리고 먼저 남편과 상담을 했습니다.

"문제가 무엇입니까?"

"제가 20년을 참고 살았는데 더 이상 못 참겠습니다. 제가 한 마디 하면 열 마디 하고 바락바락 소리를 지르며 대드는 꼴을 이제 더 이상 보고 싶지 않습니다. 지금까지 아이들 때문에 참고 살았는데 이제 속 편하게 살고 싶습니다. 이렇게 시달리며 살기 싫습니다. 집에 들어오는 것이 지옥 같습니다."

이 말을 들으니 목회자로서 제가 죄송한 마음이 들었습니다. 남편은 초신자이고 부인은 집사님인데 내가 성도들에게 신앙 교육을 잘못 시켜서 이런 일이 생기는 게 아닌가 생각되었습니다. 그래서 남편 분에게 사과를 했습니다.

"죄송합니다. 제가 성도들에게 교육을 잘못 시켜서 이런 문제가 생긴 것 같습니다."

"아니, 목사님께서 무슨 잘못이 있습니까? 제 아내 성격이 원래 그래서 그런 건데요."

"어쨌든 죄송합니다. 교회 나와서 집사님쯤 됐으면 모든 면에 본이 되어야 하는데 그렇지 못하다면 성도들을 제대로 양육하지 못한 제 잘못이 큽니다. 하여간 제가 부인을 잘 권면해 보겠습니다."

그러고 나서 집사님을 불렀습니다.

"집사님, 왜 그렇게 허구한 날 싸우십니까?"

제가 물으니 집사님 대답이 걸작이었습니다.

"글쎄 20년을 같이 살았는데도 남편이 제 손에 꽉 안 잡혀요. 내 손에 쥐고 흔들어야 되는데 어찌나 고집이 센지 글쎄 아직까지 은행 통장을 자기가 딱 쥐고 저한테는 한 달에 얼마씩 필요한 돈만 생활비로 주는 거예요. 다른 사람들은 다 자기 아내한테 통장을 맡기고 마음대로 쓰게 하잖아요."

"집사님, 정말 남편을 손에 꽉 쥐고 살고 싶으십니까? 그렇다면 제 말을 잘 들으세요. 앞으로 일주일 동안 남편이 말할 때 절대로 말대답하지 마세요. 저하고 약속입니다. 남편이 속상한 말을 해도 싱긋 웃으세요. 이유를 막론하고 절대로 말대답하면 안 됩니다. 그리고 집안일에 신경을 쓰시고 저녁에는 남편이 가장 좋아하는 음식을 맛있게 준비해 주세요."

"저 양반이 뭐가 예쁘다고 제가 그렇게 해야 합니까?"

"아무 소리 하지 말고 일주일 동안 제가 시키는 대로 하세요. 말대답하지 말 것, 저녁 식사를 맛있게 준비할 것. 일주일 후에 제가 다시 예배드리러 올 테니까 그동안 저랑 한 약속을 지키는 겁니다."

집사님은 알겠다며 저와 약속을 했습니다. 그런데 일주일이 되기도 전에 집사님에게서 전화가 왔습니다.

"목사님! 목사님! 제 남편이 제 손에 꽉 잡혔어요. 목사님 말씀대로 남편한테 말대답 안 하고 매일 저녁 맛있는 음식을 해 주니까 닷새쯤 지나 남편이 '당신 왜 그래?' 하는 거예요. 그래서 제가 목사님 말씀 듣고 마음 고쳐먹었다고 했더니 남편이 감동해서 그날로 가지고 있던 통장을 다 주면서 저 하고 싶은 대로 하라고 하지 뭐예요. 20년 동안 안 잡히던 사람이 닷새 만에 꽉 잡히더라구요. 목사님, 너무 감사해요."

남편을 존중해 주고 섬겨 주니 남편의 마음도 열리게 된 것입니다. 보통 부부 싸움은 서로 이기려고 하는 데서 비롯됩니다. 부부 관계는 이기고 지는 관계가 아닙니다. 그러니 이기려고 애쓰며 다투지 마십시오. 아내가 남편의 권위를 인정하고 존경함으로 순종할 때 가정에 화평과 기쁨이 오게 됨을 잊지 마시기 바랍니다.

3. 남편의 자세

행복한 가정을 위해 남편은 희생적 사랑으로 아내를 돌봐야 합니다. 5장 25절부터 28절까지를 보면 "남편들아 아내 사랑하기를 그리스도께서 교회를 사랑하시고 그 교회를 위하여 자신을 주심 같이 하라 이는 곧 물로 씻어 말씀으로 깨끗하게 하사 거룩하게 하시고 자기 앞에 영광스러운 교회로 세우사 티나 주름 잡힌 것이나 이런 것들이 없이 거룩하고 흠이 없게 하려 하심이라 이와 같이 남편들도 자기 아내 사랑하기를 자기 자신과 같이 할지니 자기 아내를 사랑하는 자는 자기를 사랑하는 것이라"고 말씀합니다. 그리고 33절을 보면 "그러나 너희도 각각 자기의 아내 사랑하기를 자신 같이 하고 아내도 자기 남편을 존경하라"고 말씀합니다. 여기에 매우 중요한 가르침이 있습니다. 예수님께서 십자가에서 피 흘려 죽으심으로 말미암아 태동한 것이 교회입니다. 그리스도의 사랑으로 말미암아 교회는 탄생했습니다. 그러므로 그리스도가 교회를 사랑하듯 남편이 아내를 사랑해야 한다는 말씀은 예수님이 교회를 위해 자기의 피 한 방울도 남김없이 다 내어 준 것처럼 남편도 아내를 사랑하라는 것입니다.

골로새서 3장 19절을 보면 "**남편들아 아내를 사랑하며 괴롭게 하지 말라**"고 하였습니다. 아내를 인격적으로 존중하라는 것입니다. 남편의 희생적인 사랑이 기초할 때 아내의 헌신적인 순종과 섬김이 따르게 됩니다. 결혼은 상호 작용이지 일방통행이 아님을 잊지 마십시오. 복종하라고 말한다고 해서 복종하는 것이 아니고, 존경하라고 강요한다고 해서 존경하는 것이 아닙니다. 마음에서 우러나와야 합니다.

아내가 남편에 대해 존경심이 저절로 우러나오려면 남편이 아내에게 사랑과 감동으로 기쁨을 주어야 합니다. 그런데 한국 사람들은 체면 문화가 있어서 사랑을 표현하는 것에 어색해합니다. 특히 한국 남자들은 마음속에 있는 사랑의 감정을 표현하지 않는 것이 미덕이라고 생각합니다. 하지만 사랑은 표현을 통해 열매를 맺습니다. 하나님의 사랑으로 부부 간에 서로 사랑할 때 그 관계를 통해 하나님이 기뻐하십니다. 아내에 대한 남편의 희생적인 사랑과 남편에 대한 아내의 존경이 함께 있을 때 온전한 부부 관계를 이룰 수 있습니다.

그러므로 이러한 아름다운 관계를 갖기 위해서 남편은 그리스도께서 교회를 사랑하고 보호하신 것과 같이 아내를 사랑하고 보호해야 함을 잊지 마십시오. 그리하여 부부 간에 서로 사랑이 깊어지고, 믿음이 깊어지고, 존경심이 더해지는 은혜가 있게 되기를 바랍니다.

4. 하나님의 원리

본문 5장 31절을 보면 "**그러므로 사람이 부모를 떠나 그의 아내와 합하여 그 둘이 한 육체가 될지니**"라고 하였습니다. 창세기 2장 24절에도 "**이러므로 남자가 부모를 떠나 그의 아내와 합하여 둘이 한 몸을 이룰지로다**"라고 하였으며, 마태복음 19장 5절부터 6절에도 "**그러므로 사람이 그 부모를 떠나서 아내에게 합하여 그 둘이 한 몸이 될지니라 하신 것을 읽지 못하였느냐 그런즉 이제 둘이 아니요 한 몸이니 그러므로 하나님이 짝**

지어 주신 것을 사람이 나누지 못할지니라" 고 기록되어 있습니다.

이 말씀은 부부란 하나님께서 친히 정하신 관계라는 것을 말하고 있습니다. 즉, 부부 관계는 하나님께서 명령하시고 짝지어 주심으로써 성립된 관계입니다.

그렇다면 '부모를 떠나라' 고 하는 말씀은 무엇입니까? 이는 사람이 장성하여 결혼하면 부모로부터 정신적, 물질적, 육체적으로 독립하여 배우자와 함께 인격적인 연합을 이루어 한 가정을 이루라는 것입니다. 결혼하고 나서도 계속 부모님에게 손을 벌리는 것은 성경의 가르침에 위배됩니다. 독립하여 행복한 가정을 이루고, 지금까지 부모님에게 받은 은혜를 기억하며, 부모님을 보살피고 공경해 드려야 합니다. 오늘날 많은 가정이 불행하게 되는 것은 성경의 가르침을 따라 살지 않기 때문입니다. 우리 인생은 단 한 번뿐인 짧은 인생입니다. 그러므로 하나님이 주신 삶의 기한 동안 예수 그리스도 안에서 서로 존경하고 사랑함으로 행복한 가정을 이루기를 바랍니다.

어느 교수님이 유럽 유학 시절 노교수님 집에 방을 얻어 살았습니다. 그런데 이 노교수님 부부는 서로에게 늘 미소를 지으며 한 번도 부부 싸움 하는 모습을 보이지 않았습니다. 그래서 교수님은 그 노교수님에게 물었습니다.

"교수님, 교수님 내외분은 부부 싸움 하신 적 없으십니까?"

"자네 한국 사람들은 부부 싸움을 많이 하는가?"

"아니 그게 아니라 두 분이 하도 다정하게 지내셔서 그냥 궁금해서 물어봤습니다."

"한 번뿐인 인생, 웃고 살기도 바쁜데 언제 미워하고 싸우며 살겠나. 우리 부부는 싸우지 않고 산다네."

예수 믿는 사람들의 가정은 더욱이 다른 사람들이 보았을 때 모범이 되어야 합니다. 이웃들이 크리스천의 가정을 보고 본받을 수 있도록 해야 하는데, 그것은 누구 하나만 노력해서 되는 일이 아닙니다. 남편도 노력하고 아내도 노력해야 합니다. 부모도 노력하고 자녀도 노력해야 합니다. 행복은 저절로 굴러 들어오지 않습니다. 서로 노력하며 최선을 다할 때, 각자 낮아지고 깨어져서 서로를 섬길 때 가정에 행복이 임하는 것입니다.

뉴욕에 퀸즈한인교회라는 큰 교회가 있습니다. 이 교회는 매년 8월 마지막 주일 오후부터 수요일 오전까지 전 교인이 산상수련회를 갑니다. 그때는 모든 직장인들이 휴가를 내고 가게를 하는 분들은 가게 문을 닫고 수련회에 올라갑니다. 주일 오후 2시에 출발해서 주일 예배를 드린 후, 월요일에 네 번, 화요일에 네 번, 수요일에 두 번 그렇게 총 열한 번의 예배를 드립니다.

제가 그 수련회에 강사로 초청받아 설교를 한 적이 있습니다. 설교를 할 때마다 2시간 이상씩 하는데, 사람들이 얼마나 은혜를 사모하는지 하루 종일 예배를 드려도 피곤해하지 않고 시간 시간마다 역사하시는 하나님의 놀라운 은혜를 체험하는 것이었습니다.

그런데 마지막 날이 되기 전 한 집사님이 저에게 오더니 울먹거리며 이야기를 털어놓기 시작했습니다.

"목사님, 감사합니다. 사실 저는 남편과 8년 동안 별거하였는데 이번에 완전히 정리하고 이혼하려고 마음 먹고 수련회에 올라왔습니다. 그런데 여기 와서 예배드리다 보니 하나님께서 제게 큰 은혜를 주시고 깨달음을 주셨습니다."

그 집사님은 명문대를 수석으로 졸업한 똑똑한 분이었습니다. 그러다 보니 자기 눈에 남편은 여러모로 양이 차지 않는 것이었습니다. 남편이 늘 어딘가 모자라다고 생각하니 사사건건 남편을 지적하고 무시하게 되었고 그로 인해 늘 다툼이 있었습니다. 결국 헤어져 따로 산 지 8년째 되었는데 이번에 완전히 이혼 서류에 사인을 하기로 결정하고 그 전에 수련회나 참석해 보자는 심정으로 왔다는 것입니다. 그런데 이분이 수련회 동안 많은 은혜를 받고 문제의 원인이 자기의 교만에서 비롯되었다는 것을 깨닫게 되었습니다.

그 후 얼마 있지 않아 그 집사님에게서 편지가 왔습니다.

"목사님, 감사합니다. 8년 만에 우리 부부가 재결합하게 되었습니다."

집사님이 수련회를 마치고 남편에게 찾아갔는데 남편을 보니 너무 미안하고 불쌍한 마음이 들어 갑자기 눈물이 나더랍니다. 그래서 남편 앞에 무릎을 꿇고 한참 울고 나서 "여보, 내가 다 잘못했어. 내가 교만해서 당신을 무시하고 따지고 잘못을 지적했던 것 용서해 줘."라며 진심으로 남편에게 용서를 빌었습니다.

그 모습에 남편의 얼어붙은 마음도 봄눈 녹듯 녹았으며, 그들은 같이 울며 서로 용서를 빌고 용서해 주며 다시 새 출발 하기로 했다는 것입니다. 그 후 그분들은 행복한 가정을 이루어서 매년 크리스마스 때면 제게 "목사님, 우리 행복하게 잘 살고 있습니다. 우리는 매일 신혼입니다."라며 카드를 보내옵니다.

부부는 성경의 가르침대로 살면 서로에게 행복이 되지만,

그렇지 못하면 서로에게 고통의 십자가이자 무거운 짐이 됩니다. 그러므로 말씀을 기억하면서 남편은 남편대로, 아내는 아내대로 사랑과 존경의 관계를 회복함으로 하나님께서 기뻐하시는 온전한 가정을 이루어 나가시기를 주님의 이름으로 축원합니다.

열한째 광주리

올바른 대인 관계

*

기쁜 마음으로 섬기기를 주께 하듯 하고
사람들에게 하듯 하지 말라
(엡 6:7)

엡 6:1-9

EPHESIANS

자녀들아 주 안에서 너희 부모에게 순종하라 이것이 옳으니라 네 아버지와 어머니를 공경하라 이것은 약속이 있는 첫 계명이니 이로써 네가 잘되고 땅에서 장수하리라 또 아비들아 너희 자녀를 노엽게 하지 말고 오직 주의 교훈과 훈계로 양육하라 종들아 두려워하고 떨며 성실한 마음으로 육체의 상전에게 순종하기를 그리스도께 하듯 하라 눈가림만 하여 사람을 기쁘게 하는 자처럼 하지 말고 그리스도의 종들처럼 마음으로 하나님의 뜻을 행하고 기쁜 마음으로 섬기기를 주께 하듯 하고 사람들에게 하듯 하지 말라 이는 각 사람이 무슨 선을 행하든지 종이나 자유인이나 주께로부터 그대로 받을 줄을 앎이라 상전들아 너희도 그들에게 이와 같이 하고 위협을 그치라 이는 그들과 너희의 상전이 하늘에 계시고 그에게는 사람을 외모로 취하는 일이 없는 줄 너희가 앎이라

기독교 신앙의 핵심은 십자가입니다. 첫째도 십자가, 둘째도 십자가, 마지막도 십자가입니다. 십자가를 통해 예수 그리스도의 구속 사역이 완성되었고, 우리가 예수를 믿음으로 말미암아 하나님의 구원에 이르게 되었습니다. 원래 십자가는 가장 흉악한 범죄자들을 사형시킬 때 사용하는 형틀이었습니다. 그런데 예수님께서 그 십자가에 달려 죽으심으로 죄와 저주와 사망의 권세를 멸하시고 우리에게 구원의 문을 열어 주셨습니다. 그래서 저주의 십자가가 영광의 십자가, 축복의 십자가, 기적의 십자가로 변화된 것입니다. 그러므로 우리는 평생토록 예수님의 십자가를 자랑해야 합니다.

그런데 십자가는 하나님과 나와의 사랑의 관계, 나와 이웃과의 사랑의 관계를 통해 완성됩니다. 십자가의 수직선은 하나님과 나와의 관계이고 수평선은 나와 이웃과의 관계입니다. 많은 사람들이 하나님을 잘 섬기고 기도도 많이 하고 예배도 열심히 드려서 하나님과의 관계는 잘해 나가는데, 이웃과의 관계를 소홀히 해서 균형이 잡히지 않은 이상한 형태의 십자가를 갖고 살아갑니다. 진정한 그리스도인의 성숙한 모습은 하나님께 받은 사랑을 이웃을 향해 펼치는 것입니다.

사랑은 나눌수록 커집니다. 주님께서 계속해서 은혜를 주시는데 그 은혜를 나누지 않고 담기만 한다면 그것은 마치 사해(死海)가 물을 받기만 하고 나누어 주지 않아서 썩는 것과 같습니다. 즉, 신앙이 성장하지 못하고 자기중심적으로 변해 버리고 맙니다. 그러므로 우리는 주님 앞에 가는 날까지 사랑을 베풀고 나누고 실천하며 살아가는 주님의 귀한 일꾼이 되어야겠습니다.

1. 부모와 자녀의 관계

우리가 태어나자마자 제일 먼저 갖게 되는 인간관계가 나와 부모와의 관계입니다. 그러므로 부모 자식 간의 관계는 매우 중요합니다. 우리 옛말에 "어버이 살아 계실 때 효도를 다하라."고 했습니다. 부모님이 돌아가시고 난 후에는 아무리 통곡하고 후회해도 소용이 없습니다. **부모 공경**은 성경의 가르침이고 동시에 우리 한국의 고유한 전통입니다. 우리가 하나님 앞에서 인정받고 축복 받는 자녀가 되기 위해서는 먼저 이 땅에서 살아가는 동안 주 안에서 부모를 공경하고 부모의 뜻에 순종하는 자녀가 되어야 합니다.

그런데 요즘 젊은 사람들은 부모나 어른을 잘 공경하지 않습니다. 그저 자기가 좋아하는 스타에게나 모든 애정과 존경을 표할 뿐입니다. 이 사회에 점점 '효'(孝)라는 아름다운 전통이 깨어지고 있는 것 같아 마음이 아픕니다. 지하철이나 버스에서 나이 드신 분이 타셔도 자리에서 잘 일어나지 않습니다. 우리 젊은 크리스천들은 지하철이나 버스에 어르신들이 타시면 무조건 일어나서 자리를 양보하시기 바랍니다. 자리도 양보해 드리고, 무거운 짐을 들고 계신 어르신이 있으면 짐도 들어 드리고, 몸이 불편하신 어르신이 있으면 부축도 해 드리십시오.

6장 2절을 보면 **"네 아버지와 어머니를 공경하라 이것은 약속이 있는 첫 계명이니"** 라고 하였습니다.

하나님께서 우리에게 십계명을 주셨습니다. 1계명부터 4계명까지는 하나님에 대한 계명이고, 5계명부터 10계명까지는 사람에 대한 계명으로 이웃 사랑에 대한 계명입니다. 그런데 사람에 대한 계명 중 첫 번째 계명이 **"네 부모를 공경하라"**(출 20:12)입니다. 웃어른에 대하여 최대의 예의를 갖추라는 것입니다.

우리 성도들은 교회 어르신들을 다 내 부모님같이 생각하며 모셔야 합니다. 웃어른을 잘 모시면 하나님이 기뻐하시고 복을 주십니다. 부모 공경의 결과로 형통과 장수의 복을 주신다고 성경은 약속하고 있습니다. 6장 3절을 보면 **"이로써 네가 잘되고 땅에서 장수하리라"**고 말씀하고 있습니다. 부모님께 순종하고 부모님을 공경하는 사람은 이 땅에서 잘되고 장수하게 될 것이라는 약속의 말씀입니다.

미국 필라델피아에서 태어난 찰스 스틸웰(Charles Stilwell)은 집이 매우 어려웠습니다. 어머니는 상점에서 물건을 배달하는 일을 했습니다. 그런데 어느 날 학교에서 집으로 돌아오던 스틸웰은 우연히 어머니가 일하는 모습을 보게 되었습니다. 어머니는 가죽으로 된 큰 가방에다 배달할 물건을 잔뜩 넣은 뒤 간신히 물건을 배달하는 것이었습니다.

그 모습을 본 스틸웰은 마음이 아파서 어떻게 하면 어머니께 가벼운 가방을 마련해 드릴 수 있을까 고민했습니다. 그래서 가방 파는 상점에 가서 가볍고 튼튼한 가방을 사려고 했지만 그것은 자기 용돈 1년 치를 모아도 살 수 없는 가격이었습니다. 그때부터 그는 어머니를 도울 수 있는 방법을 궁리하다가 물건을 담는 종이 봉지를 활용하여 종이 가방을 만들면 되겠다는 생각을 하게 되었습니다.

그래서 그는 질긴 종이로 밑바닥이 네모난 큰 종이 봉지를 만든 다음 맨 위에 종이로 튼튼한 손잡이를 달아 종이 가방을 만들었습니다. 그 종이 가방은 생각보다 튼튼하고 가벼웠습니다. 어머니는 아들이 만든 종이 가방 덕분에 한결 가볍게 물건 배달을 할 수 있게 되었습니다.

얼마 뒤 스틸웰이 만든 종이 가방을 본 한 이웃 사람이 특허 출원을 권했고, 스틸웰이 출원한 종이 쇼핑백이 특허를 받게 되어 전 세계로 퍼져 나갔습니다. 스틸웰의 가족은 하루아침에 큰 부자가 되었습니다. 어머니를 도우려고 한 소년의 갸륵한 효성이 어머니를 도왔을 뿐만 아니라, 세상을 편리하게 만들었으며, 그 자신에게도 부와 명예를 안겨 주었습니다.

이처럼 부모를 공경하는 자는 이 땅에서 잘되는 것입니다.

부모님을 잘 모시면 하나님께서 예비하신 복을 받습니다. 요즘은 점점 세상이 악해져서 자녀들이 부모에 대한 고마움과 사랑을 잊어버리고 조금만 섭섭한 일이 있어도 부모에게 큰 소리로 대들곤 합니다. 부모가 자기에게 베푼 사랑을 은혜로 생각하여 감사하기보다는 그것은 당연한 것으로 여기고 조금만 자기에게 섭섭한 것이 있으면 바로 불평을 합니다. 이것은 하나님께서 예비하신 축복을 걷어차는 태도입니다. 부모를 공경하는 것은 이 세상에서 잘되고 장수하는 믿음의 씨앗입니다.

아무리 기도해도 응답이 없고 고통이 다가온다면 혹시 부모에게 불효하고 있는 것이 아닌지 돌아보고 회개해야 합니다. 하나님께서 자녀에게 주신 의무는 부모의 말씀에 순종하고 최선을 다해 부모를 공경하는 것이기 때문에 이를 따르지 않으면 하나님께 불순종하는 것이 됩니다. 그러므로 일생을 살아가는 동안 부모에게 효도하기를 게을리 하지 마시기 바랍니다.

그다음에는 부모님에게 드리는 권면의 말씀이 있습니다. 그것은 **자녀를 노엽게 하지 말라**는 것입니다. 6장 4절을 보면 **"또 아비들아 너희 자녀를 노엽게 하지 말고 오직 주의 교훈과 훈계로 양육하라"**고 권면합니다. 자녀를 노엽게 하지 말라는 말씀은 자녀의 마음에 상처를 주지 말라는 것입니다. 분노가 일어나지 않게 하라는 것입니다.

제가 미국에서 사역할 때 ABC방송에서 하는 특집 프로를 본 적이 있습니다. 그 당시 미국에는 가출하는 청소년이 1년간 300만 명이 넘었습니다. 대부분의 아이들이 부모에게 상처를 받고 집을 나갔습니다. 그날 ABC방송 프로는 전국에 흩어져 있는 가출 청소년과 자녀의 행방을 알 수 없어 애태우는 그들의 부모를 전화로 연결하여 통화하게 하는 프로였습니다.

딸이 고등학교에 다니다 말고 집을 나가서 몇 년째 어디 있는지 알지 못하던 엄마가 이 방송에 신청하여 어렵게 딸을 찾았습니다. 딸은 뉴욕에 있고 엄마는 플로리다에 있었으니 비행기를 타고도 몇 시간을 가야 하는 먼 거리에 떨어져 살고 있었습니다. 전화가 연결이 되고, 엄마가 화면으로 딸의 모습을 확인한 후 울면서 이야기했습니다.

"얘야, 너는 말도 없이 집을 나가서 어떻게 지내고 있니? 몇 년째 사방으로 너를 찾아 헤매면서 얼마나 애를 태웠는지 아니?"

"엄마! 그때 나한테 뭐라고 그랬어? 보기 싫다면서 썩 꺼져 버리라고 하지 않았어? 이제 와서 무슨 소리야? 나를 내쫓은 건 엄마라구!"

딸은 처음에 시큰둥하더니 점점 한이 맺혀 이야기했습니다. 그 당시 부모는 심하게 부부 싸움을 했는데, 딸이 들어와서 용돈을 달라고 하니 엄마는 홧김에 딸에게 "꺼져 버려라! 보기 싫다!" 하면서 자기의 화난 감정을 쏟아 부은 것입니다. 사춘기에 있던 딸은 엄마의 말을 듣고 그날로 집을 나가 버렸습니다.

그런데 정작 엄마는 자기 때문에 딸이 집을 나갔다는 것을 모르고 있었습니다. 갑자기 딸이 없어져서 그때부터 몇 년째 딸을 찾아 헤매면서도 자기 때문에 딸이 상처를 입고 집을 나갔다고는 생각도 못한 것입니다.

딸이 설움에 북받쳐서 엄마에게 항의를 하자, 엄마는 "그 당시 아빠 때문에 화가 나서 그런 것이지 너를 미워한 적은 없었단다."라고 말하면서 딸에게 용서를 구했습니다. 한참 얘기한 후 딸도 마음이 풀어져서 엄마를 용서하고 마침내 두 사람이 화해하는 모습을 보았습니다.

부모는 자녀를 한 인격체로 정당하게 대우해야 합니다. 자녀는 부모의 소유가 아닙니다. 간혹 부모가 자기 감정을 다스리지 못하고 자녀에게 소리를 지르거나 상처를 입히는 말을 하는 경우가 있습니다. 자녀가 잘못해서 야단을 칠 때에도 아이들이 자기 잘못을 깨닫기 전에 부모가 먼저 감정적으로 폭발해 버리기 때문에 그것이 문제입니다. 그렇게 되면 아이들은 자기의 잘못을 뉘우치기보다는 걸핏하면 화만 내고 소리를 지르는 부모에 대해 마음속으로 분노를 품고 상처를 받습니다. 그래서 더 이상 부모와 대화하고 싶어 하지 않습니다. 자녀들은 부모에게서 받은 상처를 평생 기억하며 때로 그것으로 인해 왜곡된 삶을 살아가는 경우가 많습니다. 그러니 자녀들을 노엽게 하지 말아야 합니다.

또한 본문은 자녀들을 **주의 교훈과 훈계로 양육하라**고 했습니다. 부모는 주님의 말씀을 붙들고 인내심을 가지고 자녀를 양육해야 합니다. 자녀들로 하여금 부모가 자신을 얼마나 사랑하는지 느낄 수 있게 사랑을 보여 주어야 합니다.

요즘 아이들은 눈치가 빨라서 부모의 표정만 봐도 집안 분위기가 어떤지 대번에 압니다. 그래서 부모가 심기가 불편해하는 것 같으면 그 자리를 피해 자기 방에 가서 문 잠그고 들어앉아 있든지 PC방에 가서 시간 가는 줄 모르고 게임을 합니다. 이는 정신적으로 얼마나 황폐한 일인지 모릅니다. 가정에서 정신적인 안정을 공급받지 못하니 아이들이 자꾸 밖으로 돕니다.

그러므로 우리는 가정에서 자녀들에게 거룩한 습관을 갖도록 해야 합니다. 제일 중요한 것은 늘 주야로 말씀을 묵상하도록 권면하고 그 말씀을 갖고 함께 은혜를 나누고 대화하는 분위기를 만드는 것입니다. 그다음엔 집에서도 기도하는 습관을 가지도록 하고, 자녀의 친구들에게 관심을 가지며 좋은 친구와 사귈 수 있도록 권면해야 합니다. 또한 좋은 말을 하도록 가르쳐야 합니다. 요즘은 아이들이 너무 함부로 말을 하고 입에 욕이 붙어 있는 것을 봅니다. 매우 큰 문제입니다. 그러므로 가정에서부터 아이들에게 선하고 긍정적인 말을 할 수 있도록 교육해야 합니다.

아이들이 이렇게 거룩한 습관을 갖기 위해서는 무엇보다 부모가 본이 되어야 함을 잊지 마시기 바랍니다. 부모는 말씀도 안 읽고 기도도 안 하고 말도 험하게 하면서, 자녀에게 말씀 읽고 기도하고 아름다운 말을 하라고 권할 수 없는 것입니다. 아이들은 부모의 모든 행동과 말을 따라 합니다. 그러므로 자녀에게 삶의 좋은 모델이 되는 부모가 되시기 바랍니다.

그리고 예수 믿는 부모는 자녀에게 공부에 앞서 올바른 신앙생활을 더욱 강조해야 합니다. 공부가 사람의 운명을 바꾸어 주는 것이 아니라 예수님이 운명을 바꾸어 주십니다. 그러므로 부모는 자녀의 성적에만 집착할 것이 아니라, 자녀의 신앙에 깊은 관심을 가져야 합니다. 창세기 18장 19절을 보면 **“내가 그**

로 그 자식과 권속에게 명하여 야훼의 도를 지켜 의와 공도를 행하게 하려고 그를 택하였나니 이는 나 야훼가 아브라함에게 대하여 말한 일을 이루려 함이니라" 고 기록되어 있습니다.

성경을 보면 모세의 어머니 요게벳은 모세가 젖을 뗄 때까지 그를 양육했습니다. 그 기간 동안 그녀는 모세에게 위대한 하나님의 능력과 섭리와 약속을 가르쳤으며, 언약 백성인 히브리인이라는 정체성을 분명히 가르쳤습니다. 어렸을 때 신앙 교육을 잘 받은 모세는 분명한 삶의 목표와 인생관을 갖고 살았습니다. 그는 애굽에서 부귀영화를 누리며 살 수 있었지만 자기가 히브리 사람이라는 정체성을 잊지 않고 자기 백성을 구원해야 한다는 분명한 민족의식과 사명감을 갖고 살았습니다. 어린 시절 어머니 품속에서 배웠던 자기 민족 이스라엘을 잊지 않았던 것입니다.

이처럼 교육은 중요한 것입니다. 특히 신앙 교육은 사람의 일생을 바꿔 놓을 수 있는 엄청난 능력과 권능이 있습니다. 그러므로 부모들이 먼저 본을 보여 자녀들이 거룩한 습관을 갖도록 지도하고 올바른 신앙생활을 할 수 있도록 잘 교육하여서 자녀들이 삶 가운데 하나님의 풍성한 은혜를 경험할 수 있게 해야 합니다.

2. 상전과 종

상전과 종의 바른 모습은 어떤 것인지 알아 보겠습니다. 먼저 성경은 종에게 이와 같이 권면합니다. "종들아 두려워하고 떨며 성실한 마음으로 육체의 상전에게 순종하기를 그리스도께 하듯 하라 눈가림만 하여 사람을 기쁘게 하는 자처럼 하지 말고 그리스도의 종들처럼 마음으로 하나님의 뜻을 행하고 기쁜 마음으로 섬기기를 주께 하듯 하고 사람들에게 하듯 하지 말라" (엡 6:5-7).

이 권면의 요지는 '주님께 하듯 하라'는 것입니다. 우리들이 어디에서 무슨 일을 하든지 주님 앞에서 하는 것처럼 성실하게 일할 때 하나님께서 인정해 주시고 높여 주십니다. 사람이 안 본다고 적당히 놀고 시간만 때우다가 누가 보는 것 같으면 그때서야 열심히 일하는 척한다면 하나님 앞에서 부끄러운 일이 아닐 수 없습니다. 주님이 늘 우리와 함께 계셔서 우리의 일거수일투족을 보고 계시므로 우리는 무슨 일을 하든 주께 하듯 해야 합니다. 그렇게 할 때 무슨 일을 하든 성공할 수 있습니다.

제프리 J. 폭스 (Jeffrey J. Fox)의 〈HOW TO BECOME

CEO〉(CEO가 되는 법)라는 책을 보면 이런 말이 나옵니다. "회사원이 그 회사에서 성공하려면 항상 출근 시간보다 45분 전에 도착해라." 아침에 허겁지겁 나와서 100미터 달리기 하듯 하지 말고 늦어도 출근 시간 45분 전에는 출근해서 하루 시작을 잘 할 수 있게 하라는 것입니다.

예배드릴 때에도 마찬가지입니다. 최소한 예배 시간 15분 전에는 와서 찬양하면서 온전한 예배를 드릴 수 있도록 준비해야 합니다.

그 책에 의하면 "퇴근은 15분 늦게 하라."고 했습니다. 뒤에 남아서 그날 한 일을 잘 정리하고 다음 날 일과를 계획하라는 것입니다.

일반 사회에서도 이렇게 성실하게 일할 때 인정받는데, 하나님의 자녀 된 우리가 매사에 주께 하듯 하며 살아간다면 성공하지 않을 사람이 없을 것입니다. 그러므로 우리는 윗사람을 대할 때 경외하는 마음으로 성실하게 그의 뜻에 순종하며, 눈가림하지 말고 진실 되게 그리고 기쁜 마음으로 섬겨야 합니다.

다음으로 상전에게 하시는 권면의 말씀이 있습니다. 6장 8절부터 9절을 보면 **"이는 각 사람이 무슨 선을 행하든지 종이나 자유인이나 주께로부터 그대로 받을 줄을 앎이라 상전들아 너**

희도 그들에게 이와 같이 하고 위협을 그치라 이는 그들과 너희의 상전이 하늘에 계시고 그에게는 사람을 외모로 취하는 일이 없는 줄 너희가 앎이라"고 하였습니다.

하나님께서 그 위치에 나를 세우신 것을 알고 늘 온유와 겸손으로 사람을 잘 다스릴 때 장차 하나님 앞에서 칭찬받게 됩니다. 그렇지 않고 자기가 잘나서 큰 권세를 가졌다고 생각하여 사람들을 함부로 대하거나 권위적으로 대해서는 안 됩니다.

위에 있는 사람은 아랫사람들에게 인격적으로 대해야 합니다. 예를 갖추어야 합니다. 아무리 높은 위치에 있다 하더라도 말단 직원까지 인격적으로 대해 줄 때 그 회사가 발전할 수 있습니다. 노사 갈등이 있을 때에도 회사 측에서 노동자를 인격적으로 대하면 노동자들은 변화하여 회사에 충성하게 됩니다. 그러므로 노사가 함께 그리스도 안에서 지체 된 형제자매의 사랑을 나누어 이 지상의 일터에서도 천국을 이루어 나가게 되기를 바랍니다.

열두째 광주리

영적 전쟁에서의 승리

"전신 갑주를 입으라"

*

끝으로 너희가 주 안에서와 그 힘의 능력으로
강건하여지고 마귀의 간계를 능히 대적하기 위하여
하나님의 전신 갑주를 입으라
(엡 6:10-11)

끝으로 너희가 주 안에서와 그 힘의 능력으로 강건하여지고 마귀의 간계를 능히 대적하기 위하여 하나님의 전신 갑주를 입으라 우리의 씨름은 혈과 육을 상대하는 것이 아니요 통치자들과 권세들과 이 어둠의 세상 주관자들과 하늘에 있는 악의 영들을 상대함이라 그러므로 하나님의 전신 갑주를 취하라 이는 악한 날에 너희가 능히 대적하고 모든 일을 행한 후에 서기 위함이라 그런즉 서서 진리로 너희 허리띠를 띠고 의의 호심경을 붙이고 평안의 복음이 준비한 것으로 신을 신고 모든 것 위에 믿음의 방패를 가지고 이로써 능히 악한 자의 모든 불화살을 소멸하고 구원의 투구와 성령의 검 곧 하나님의 말씀을 가지라 모든 기도와 간구를 하되 항상 성령 안에서 기도하고 이를 위하여 깨어 구하기를 항상 힘쓰며 여러 성도를 위하여 구하라 또 나를 위하여 구할 것은 내게 말씀을 주사 나로 입을 열어 복음의 비밀을 담대히 알리게 하옵소서 할 것이니 이 일을 위하여 내가 쇠사슬에 매인 사신이 된 것은 나로 이 일에 당연히 할 말을 담대히 하게 하려 하심이라 나의 사정 곧 내가 무엇을 하는지 너희에게도 알리려 하노니 사랑을 받은 형제요 주 안에서 진실한 일꾼인 두기고가 모든 일을 너희에게 알리리라 우리 사정을 알리고 또 너희 마음을 위로하기 위하여 내가 특별히 그를 너희에게 보내었노라 아버지 하나님과 주 예수 그리스도께로부터 평안과 믿음을 겸한 사랑이 형제들에게 있을지어다 우리 주 예수 그리스도를 변함 없이 사랑하는 모든 자에게 은혜가 있을지어다 신앙생활은 영적 전쟁과도 같습니다. 예수를 믿은 날부터 하늘나라 갈 때까지 영적 싸움은 계속됩니다. 우리는 육신을 입고 있는 동안 우리의 옛 사람과 싸워야 하고 그 옛 사람을 뒤에서 조종하는 악한 영과 싸워야 합니다. 그러나 감사한 것은 우리의 싸움은 이미 이겨 놓은 싸움이라는 것입니다. 이미 2천 년 전에 예수님께서 십자가에서 "다 이루었다." 고 말씀하셨을 때 죄와 사망의 권세는 패하였습니다. 잠시 잠깐 마지막 심판의 때까지 악한 영들이 역사할 뿐이지 이미 그 악의 세력은 꺾였습니다. 죄와 사망의 권세는 더 이상 우리를 조종하지 못합니다. 누구든지 예수를 믿기만 하면 주님 안에서 위대한 승리자가 되어 하나님의 축복을 누리며 살아가게 되는 것입니다.

1. 승리의 비결

영적 전쟁에서 승리하는 비결이 무엇인지 함께 알아 보기를 원합니다. 6장 10절을 보면 **"끝으로 너희가 주 안에서와 그 힘의 능력으로 강건하여지고"** 라고 하였습니다. 사도 바울은 에베소 교회에 편지를 보내면서 마지막 결론 부분에서 영적 전쟁에서 승리하는 삶을 살 것을 권면합니다. 그리고 주님 안에서 **예수님의 능력**으로 능히 우리가 싸워 이길 수 있다고 말씀합니다. 우리의 힘이 아니라 예수 그리스도 안에서 주님이 주신 능력으로 우리는 날마다 싸워 이기는 것입니다.

우리는 주님 안에서 위대한 승리자입니다. 빌립보서 4장 13절은 말씀합니다.

"내게 능력 주시는 자 안에서 내가 모든 것을 할 수 있느니라".

내가 하는 것이 아니라 내게 능력을 주시는 자, 곧 예수 그리스도 안에서 내가 모든 것을 할 수 있다고 성경은 말씀하고 있습니다. 그러므로 언제나 예수님을 믿고 의지하고 바라보고 나아갈 때, 하나님께서 놀라운 축복과 은혜와 승리를 우리에게 선물로 주십니다.

2. 하나님의 전신 갑주를 입으라

영적 전쟁터에 나갈 때 우리는 온몸을 무장해야 합니다. 그 당시 로마 제국은 막강한 로마 군대의 활약으로 전 유럽과 근교에 있는 아시아 지역의 나라들까지 점령해 가며 전쟁에서 승리하였습니다. 그래서 이 성경을 기록할 때 사도 바울은 로마 군인이 무장한 것을 연상하면서 전신 갑주를 입으라고 말한 것입니다.

전도자 마이클 그린(Michael Green)은 "우리가 예수를 주님으로 섬기면 그때부터 마귀는 우리의 원수가 된다."고 말했습니다. 마귀는 우리 믿는 사람들이 잘되는 꼴을 못 봅니다. 어떻게 하든지 타락시켜서 지옥으로 끌고 가려고 합니다. 그래서는 우리에게 부정적인 생각을 몰아넣습니다. 교회를 다니지 못하게 온갖 이유를 늘어놓아서 예수 믿으려고 하는 사람을 믿지 못하게 합니다.

'교회 다니는 사람들이라고 해도 별로 나을 것이 없다.'

'세상에는 종교가 많은데 꼭 예수만 믿어야 하는가?'

'예수 믿으면 너무 하지 말라는 것들이 많아서 세상 사는 재미가 없을 것이다.'

'믿기는 믿을 텐데 좀 더 있다가 차차 믿겠다.'

그러다가 일단 예수를 믿게 되면 그때부터 마귀는 다시 전략을 바꿉니다.

'광신도처럼 너무 깊이 관여하지 말아라.'

'교회는 다녀도 세상과 즐기면서 자유롭게 다녀라.'

'성경은 모순이 많다. 그러니 따지든지 아니면 대충 믿어라.'

'교회를 깊이 알면 실망한다. 그러니 적당하게 다니면서 어느 정도 거리를 두는 것이 좋다.'

이 외에도 별의별 변명과 근거 없는 이유들을 내세우며 성도들을 미혹시키는 것이 사탄입니다. 이런 마귀의 속삭임에 절대로 넘어가지 않게 되시기를 바랍니다.

예수를 믿는 것이 가장 큰 기적이고 가장 큰 은혜입니다. 단지 그것 하나만으로도 감사하고 감사하고 또 감사할 일입니다. 우리는 늘 그 은혜에 감사하며 영적으로 재무장해서 승리의 삶을 살 수 있도록 해야 합니다.

그러면 성도가 무장해야 하는 하나님의 전신 갑주는 어떤 것인지 알아 보기로 하겠습니다.

첫째로, 성도가 무장해야 하는 하나님의 전신 갑주는 '진리의 허리띠' 입니다. 6장 14절 상반절을 보면 "그런즉 서서 진리로 너희 허리띠를 띠고" 라고 하였습니다. 몸의 균형을 잡으려면 허리가 튼튼해야 합니다. 허리는 힘의 근원입니다. 그러므로 허리를 진리의 허리띠로 매는 일은 마귀를 능히 대적할 수 있게 하는 기반이 되는 것입니다. 무엇보다 진리의 허리띠는 삶의 균형을 잡을 수 있게 만들어 줍니다.

본문에서 '진리의 허리띠를 띠라' 고 했는데 '진리' 가 무엇입니까? 진리는 바로 하나님의 말씀이며, 말씀이 육신이 되어 오신 예수 그리스도입니다. 요한복음 1장 14절을 보면 "말씀이 육신이 되어 우리 가운데 거하시매 우리가 그의 영광을 보니 아버지의 독생자의 영광이요 은혜와 진리가 충만하더라" 고 말씀하였습니다. 또한 요한복음 14장 6절에는 "예수께서 이르시되 내가 곧 길이요 진리요 생명이니 나로 말미암지 않고는 아버지께로 올 자가 없느니라" 고 하였습니다.

그러므로 진리를 허리띠로 매는 것은 하나님의 말씀과 예수 그리스도를 우리 모든 삶의 중심으로 삼는 것을 의미합니다. 하나님의 말씀과 예수 그리스도가 우리 삶의 중심이 된다면 그리스도의 힘이 우리의 온몸을 지탱하기 때문에 마귀가 아무리 흔들어도 요동하지 않게 됩니다. 사람들이 “진리가 여기 있다, 저기 있다.” 말하지만 어떤 말도 귀 기울여 듣지 마십시오. 진리는 하나입니다. 오직 예수 그리스도만이 참된 진리가 되십니다.

제가 미국에 유학을 하고 있을 때 어느 날 저희 집에 한국 아주머니 두 분이 찾아오셨습니다. 그런데 딱 보니 여호와의 증인이었습니다.

“진리를 함께 연구하실까요?”

“여호와의 증인들이시죠? 저는 기독교인이고 목사입니다. 이단과 상종하지 않습니다. 가십시오.”

그리고 문을 꽝 닫아 버렸습니다. 그랬더니 3일 후 다시 와서 또 진리를 연구하자고 했습니다. 나중에 알고 보니 한국에서 센 사람이 왔다며 3일 금식을 하고 왔다는 것입니다.

이렇게 이단들은 열심히 일합니다. 왜 그렇습니까? 우리 예수 믿는 사람들을 어떻게 하든지 타락시켜 마귀의 노예로 만들려고 하기 때문입니다. 그래서 이단들은 믿지 않는 사람들을 공격하지 않습니다. 믿는 사람들을 공격합니다. 믿는 사람들에게 끈질기게 매달려서 믿음을 흔들어 놓고 타락시키려고 합니다.

그러므로 진리의 허리띠를 단단히 매고 이단사설을 전하는 사람들과는 상종도 하지 말아야 합니다. 영혼을 도둑질하는 사람들이 접근할 때에는 상대하지 말고 쫓아 버려야 합니다. 진리의 허리띠를 단단히 매어서 거짓의 영인 마귀와 싸워 이기게 되시기를 축원합니다.

둘째로, 성도가 무장해야 하는 하나님의 전신 갑주로는 **'의의 호심경(護心鏡)'** 이 있습니다. 호심경은 가슴에 착용하여 가슴을 보호하는 것입니다. 가슴을 다치면 치명상을 당하게 됩니다. 좋은 호심경일수록 사람의 가슴을 안전하게 보호해 줍니다. 따라서 마귀로부터 치명적인 공격을 받더라도 그것으로부터 안전하려면 마귀의 공격을 능히 견뎌 낼 수 있는 호심경이 필요합니다.

본문은 '의의 호심경을 붙이고' 라고 했는데 이 '의'(義)는 하나님의 의입니다. 그렇다면 어떻게 우리가 하나님의 의를 받을 수 있습니까? 예수님의 십자가 보혈의 은혜로 우리는 하나님의 의를 선물 받을 수 있습니다. 십자가를 통해 하나님께서 우리를 의롭다고 인정해 주십니다.

우리는 예수님을 믿기 전까지는 세상 쾌락을 따라 내 마음대로 산 죄인이었습니다. 그러나 예수를 믿고 난 후 겉으로는 아무것도 달라진 것이 없어 보이지만 근본적으로는 신분이 변화되었습니다. 하나님께서 우리를 보실 때 죄인으로 보지 않으시고 예수님의 십자가를 통하여 의인으로 보시는 것입니다. 이제는 더 이상 죄인이 아닌 의인이 되었다고 인정해 주십니다. 신학적인 용어로 '칭의'(稱義), 즉 의롭다 칭함을 받았다는 것입니다. 우리가 예수를 믿고 의롭게 된 후 가슴에 의의 호심경을 붙이고 나아갈 때 우리의 믿음이 보호를 받아 마귀를 이길 수 있습니다.

셋째로, 성도가 무장해야 하는 하나님의 전신 갑주로는 '**평안의 복음의 신**'이 있습니다. 6장 15절을 보면 "**평안의 복음이 준비**한 것으로 신을 신고"라고 하였습니다. 신은 발을 보호합니다.

당시 로마 군인들은 지금과 같은 군화가 아닌 샌들을 신었습니다. 밑바닥에 두꺼운 가죽을 대고 그 끈을 다리에 감싸서 고정시켜 전쟁에 나갈 때 문제가 없도록 만든 샌들이었습니다. 영적 전쟁에서 하나님이 예비해 놓으신 군화는 평안의 복음의 신입니다. 복음을 들고 나아가면 주님이 함께해 주셔서 우리 마음 가운데 말할 수 없는 평안함을 주십니다.

우리는 늘 복음의 신을 신어야 합니다. 우리가 가는 곳마다 주의 복음을 증거해야 하는 것입니다. 하나님께서 우리에게 복음의 신을 신겨 주신 것은 가는 곳마다 주님의 영광을 나타나게 하여 그를 통해 우리 삶 가운데 주님의 평안이 넘쳐 나게 하려는 것입니다.

요한복음 14장 27절을 보면 "평안을 너희에게 끼치노니 곧 나의 평안을 너희에게 주노라 내가 너희에게 주는 것은 세상이 주는 것과 같지 아니하니라 너희는 마음에 근심하지도 말고 두려워하지도 말라"고 말씀하셨습니다. 복음의 신발을 신고 나아가면 주님께서 말할 수 없는 평안함을 주십니다.

그런데 우리는 왜 불안해합니까? 주의 복음을 들고 나아가지 않고 내 생각, 내 염려를 마음에 담고 다니기 때문입니다. 이제부터 여러분의 발걸음이 복음의 발걸음, 은혜의 발걸음이 되기를 원합니다. 한국의 1,200만 크리스천들의 발걸음이 모두 복음의 발걸음이 된다면 이 땅에 그리스도의 기적이 일어나게 될 것입니다. 이 땅이 주의 복음으로 변화되면 우리를 둘러싼 모든 문제들이 사라지기 시작할 것입니다. 부정부패도 사라지고, 원망과 불평도 사라지고, 불신과 흉악한 범죄도 사라지고, 다투는 일도 사라지게 될 것입니다. 휴전선도 은혜 가운데 무너져서 남북이 주의 복음으로 통일되는 놀라운 역사가 다가올 것입니다.

한국에 거주하는 외국인들이 약 100만 명이 넘는다고 합니다. 우리는 이들을 주의 복음으로 무장시켜 평신도 선교사로 세워야 합니다. 그리하면 그들이 본국으로 돌아갔을 때 그들을 통해 그곳에 주의 복음이 전파될 것입니다. 우리 모두가 평안의 복음의 신을 신고 가는 곳마다 주의 복음을 증거하는 역사가 있게 되기를 바랍니다.

넷째로, 성도가 무장해야 하는 하나님의 전신 갑주로는 '**믿음의 방패**'가 있습니다. 6장 16절을 보면 "**모든 것 위에 믿음의 방패를 가지고 이로써 능히 악한 자의 모든 불화살을 소멸하고**"라고 하였습니다. 이 방패는 악한 자의 불화살을 막는 것입니다. 당시 방패는 길이 약 120㎝, 너비 약 75㎝ 되는 크기로 불연성 금속으로 되어 있었습니다. 그러므로 방패에 몸을 숨기기만 하면 아무리 불화살이 비 오듯 쏟아진다 해도 부상을 입을 염려가 전혀 없었습니다.

우리가 믿음만 갖고 있으면 마귀의 어떤 불화살도 능히 막을 수 있습니다. 마귀는 끊임없이 우리에게 불화살을 쏘아 댑니다. 염려와 근심과 부정적인 생각과 원망과 불평과 음란과 미움과 갈등의 불화살을 쏩니다. 이 불화살이 꽂혀서 마음이 미움으로 불타고, 원망으로 불타고, 부정적인 생각으로 불타도록 자꾸 쏘는 것입니다. 그래서 우리는 믿음의 방패로 그것들을 막아야 합니다. 예수 그리스도를 믿는 믿음의 방패를 갖고 나아가면 마귀가 아무리 불화살을 쏘아 대도 그 불화살이 방패를 뚫지 못합니다.

우리는 믿음을 견고히 해서 마귀의 불화살이 꽂히지 않게 해야 합니다. 마귀의 불화살이 우리 마음에 꽂혀서 미움이 들어오면 미움이 불타오릅니다. 원망과 불평이 꽂히면 원망과 불평이 불타오릅니다. 어떤 사람은 입만 열면 부정적인 이야기를 하고 참소하고 남을 욕합니다. 마귀의 불화살이 꽂힌 것입니다. 참소하는 영이 꽂히고, 미워하는 영이 꽂히고, 원망 불평하는 영이 꽂혀서 마음을 불태우는 것입니다.

믿음의 방패는 몸 전체를 방어합니다. 허리띠는 허리만, 호심경은 가슴만, 신은 발만을 보호하지만 방패는 온몸을 다 보호합니다. 히브리서 11장 1절을 보면 **"믿음은 바라는 것들의 실상이요 보이지 않는 것들의 증거니"** 라고 말씀하고 있습니다. 그러므로 눈에 보이는 것 없고, 귀에 들리는 것 없고, 손에 잡히는 것 없어도 믿음으로 인내하시기 바랍니다. 우리가 믿음의 방패를 들고 나아갈 때 마귀의 불화살을 능히 물리치고 승리할 수 있습니다.

다섯째로, 성도가 무장해야 하는 하나님의 전신 갑주로는 **'구원의 투구'** 가 있습니다. 투구는 머리를 보호합니다. 따라서 이것은 우리의 생각을 보호한다는 의미입니다. 구원의 투구는 우리의 생각이 세상 생각으로 물들지 않도록, 더럽고 추악한 생각으로 더럽혀지지 않도록, 주님을 슬프게 하는 생각으로 덮이지 않도록 보호합니다. 우리의 생각이 늘 주님을 기쁘시게 하는 생각으로 가득하도록 지켜 주는 것입니다.

또한 투구는 어느 편인지를 나타내 줍니다. 그래서 무슨 투구를 썼나를 보고 적군인지 아군인지 구별할 수 있는 것입니다. 우리는 구원의 투구를 썼으니 하나님 편입니다. 절대로 이 구원의 투구를 벗으면 안 됩니다. 우리는 이 투구를 평생 쓰고 다녀야 합니다. 왜냐하면 이 구원의 투구를 씀으로써 우리의 생각을 지키고 우리가 하나님의 편임을 분명히 나타낼 수 있기 때문입니다.

여섯째로, 하나님께서는 성도가 무장해야 하는 마지막 전신 갑주로 **'성령의 검'** 을 주셨습니다. 성령의 검은 하나님의 말씀입니다. 6장 17절 하반절을 보면 "**성령의 검 곧 하나님의 말씀을 가지라**"고 하였습니다. 앞에서 살펴본 다섯 가지는 다 우리를 보호하는 방어용 무기였습니다. 그런데 단 하나의 공격

무기를 하나님께서 주셨는데 성령의 검이 그것입니다.

말씀으로 마귀를 대적한 가장 좋은 모범은 예수님께서 40주 40야를 금식하신 후 광야에서 마귀의 유혹을 물리치신 사건입니다(마 4:1-11). 예수님께서는 마귀의 유혹을 세 번 다 말씀의 검을 사용하여 물리치셨습니다. 또한 말씀을 선포하실 때 풍랑이 잠잠해졌습니다. 말씀을 선포하실 때 귀신이 쫓겨 나갔습니다. 말씀을 선포하실 때 병이 나았습니다. 말씀을 선포하실 때 앉은뱅이가 일어났습니다. 말씀을 선포하실 때 맹인이 눈을 떴습니다. 말씀을 선포할 때 죽은 자가 살아났습니다.

이와 같이 주님의 말씀은 기적이고 능력이고 은혜이고 하나님의 사랑입니다. 그러므로 우리는 늘 주님의 말씀을 가지고 믿음으로 나아가 말씀을 선포해야 합니다.

"그가 채찍에 맞음으로 너희는 나음을 얻었나니"(벧전 2:24).

"야훼는 나의 목자시니 내게 부족함이 없으리로다"(시 23:1).

"두려워하지 말라 내가 너와 함께 함이라"(사 41:10).

늘 말씀으로 무장해서 말씀을 믿음으로 쏟아 낼 때, 이 말씀이 우리에게 능력을 가져다주고, 축복을 가져다주고, 하나님의 기적을 가져다주고, 악한 영이 떠나가게 하고, 하나님의 은혜가 임하게 합니다.

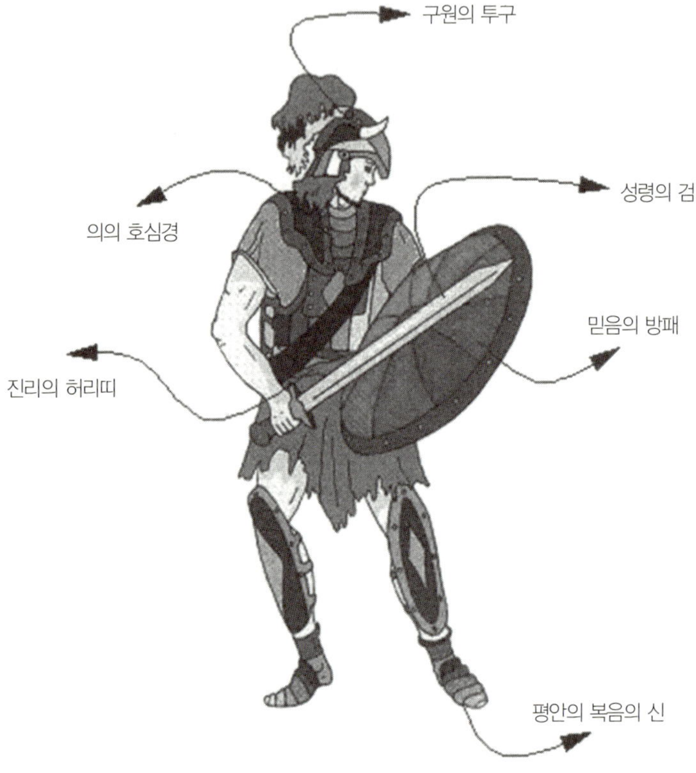
구원의 투구
성령의 검
의의 호심경
믿음의 방패
진리의 허리띠
평안의 복음의 신

3. 성령 안에서 기도하라

마귀를 대적하기 위해 무장을 단단히 한 후에는 기도해야 합니다. 6장 18절부터 20절을 보면 다음과 같이 말씀합니다.

"모든 기도와 간구를 하되 항상 성령 안에서 기도하고 이를 위하여 깨어 구하기를 항상 힘쓰며 여러 성도를 위하여 구하라 또 나를 위하여 구할 것은 내게 말씀을 주사 나로 입을 열어 복음의 비밀을 담대히 알리게 하옵소서 할 것이니 이 일을 위하여 내가 쇠사슬에 매인 사신이 된 것은 나로 이 일에 당연히 할 말을 담대히 하게 하려 하심이라".

지금 사도 바울은 감옥에 갇혀 있지만 성령께서 함께하시기 때문에 육신이 감옥에 있는 것은 아무 문제가 되지 않습니다. 성령은 감옥을 뛰어넘어서 하나님의 놀라운 역사를 나타내십니다. 이 세상 어떤 세력도 복음의 역사를 가로막을 수 없습니다. 성령의 역사를 가로막을 수 없습니다.

그런데 이와 같은 역사가 나타나기 위해서는 늘 **깨어서 기도해야** 합니다. 마귀를 대적하기 위해 전신 갑주로 무장한 다음 영적으로 깨어 있어서 영적 전쟁터에 나가서 기도와 말씀으로 싸워 승리해야 하는 것입니다.

하나님의 큰 종은 모두 기도의 사람이었습니다. 기도 없이는 하나님의 역사가 나타나지 않습니다. 하나님께서는 기도를 통해 응답하시고 복을 내려 주시기 때문입니다. 신앙생활을 하면서도 왜 자꾸 넘어지고 상처를 받고 무기력해집니까? 기도가 부족하기 때문입니다. 영적 무기력은 기도 부재로부터 옵니다. 기도하지 않을 때 우리의 영적 힘이 약해집니다. 그러나 말씀을 붙들고 기도하면 성령께서 역사하시는 것입니다.

본문 18절은 기도와 간구를 하되 '항상' 하라고 했습니다. 데살로니가전서 5장 17절에도 **"쉬지 말고 기도하라"** 고 했습니다. 기도는 영적 호흡이므로 잠시도 쉬어서는 안 됩니다. 우리는 언제든지, 어떤 상황에 있든지 끊임없이 기도해야 합니다. 아침에 일어나면 "하나님! 감사합니다. 오늘도 주님 은혜 가운데 저를 인도하여 주옵소서.", 주부가 음식을 준비하면서도 "하나님! 오늘도 저희 가정에 복을 내려 주옵소서. 이 음식 먹고 온 가족이 건강하게 하여 주옵소서.", 출근할 때도 "주님! 제가 직장에 갑니다. 오늘 하루 저를 지켜 주시고 직장에서 복음의 빛을 나타내게 하옵소서.", 사람을 만나러 갈 때도 "주님! 제가 사람을 만나러 가는데 오고 가는 대화가 주님 은혜 가운데 아름다운 대화가 되게 하시고 좋은 열매가 맺혀지게 하옵소서."라고 기도해야 합니다. 이처럼 우리는 어떤 상황에서든지 기도해야 하며 또 기도할 수 있습니다.

본문은 또한 '깨어 구하라' 고 하였습니다. 마태복음 26장 41절을 보면 **"시험에 들지 않게 깨어 기도하라 마음에는 원이로되 육신이 약하도다"** 라고 했으며, 골로새서 4장 2절을 보면 **"기도를 계속하고 기도에 감사함으로 깨어 있으라"**고 하였습니다. '기도에 깨어 있으라' 는 말은 영적으로 늘 마음이 주님을 향해 열려 있어야 한다는 것입니다. 언제나 주님만 바라보라는 것입니다. 낙심이 될 때, 상처를 입었을 때, 어려운 문제를 당했을 때, 너무나 고통스러워서 하루하루 숨쉬며 사는 것조차 힘이 들 때 주님만 바라보시기 바랍니다. 영적으로 깨어 있어 간구할 때 주님께서 은혜를 더해 주십니다.

예수님의 제자들은 영적 잠을 잤습니다. 겟세마네 동산에서 주님이 기도하시며 마지막 밤을 지새울 때 한 사람도 깨어 있지 못했습니다. 주님이 세 번이나 오셔서 그들을 깨우셨지만 그들은 잠들었습니다. 그 결과 그들은 예수님께서 붙잡혀 가실 때 주님을 버리고 도망치는 배신자들이 되고 말았습니다.

그러므로 우리는 늘 깨어 있어야 합니다. 기도로 깨어 있어야 합니다. 기도하는 사람을 당할 자가 없습니다. 우리 모두 늘 말씀을 붙잡고 감사함으로 깨어 기도하여 하나님의 넘치는 은혜를 받는 삶을 살아야겠습니다.

사랑하는 여러분, 성령의 전신 갑주로 무장하여 영적 전쟁의 승리자가 되시기 바랍니다. 뿐만 아니라 우리 교회 공동체 전체가 말씀과 기도 가운데 늘 깨어 있고 성령의 전신 갑주로 무장하여, 오고 오는 날 동안 영적 전쟁의 승리자요, 하나님께서 기뻐하시는 교회로 든든히 서 가길 원합니다. 그리하여 장차 주님 앞에 설 때 "잘하였도다. 착하고 충성된 종아!"라며 칭찬받는 우리 모두가 되기를 간절히 소망합니다.